인생의 서른 가지 질문에 대한 해답

인생의
서른가지 질문에
대한 해답

엘버트 허버드 지음 | 윤경미 옮김

Love, Life & Work
엘버트 허버드가 들려주는 삶의 철학

책읽는귀족

일러두기

1. 『인생의 서른 가지 질문에 대한 해답 *Love, Life & Work*』은 1906년 로이크로프터The Roycrofters사에서
출판되었으며, 이 책의 번역은 구텐베르크 프로젝트의 전자 파일을 저본底本으로 한다.(Project Guten-
berg : Produced by Juliet Sutherland, Thomas Cormode and PG Distributed Proofreaders)

2. 이 책은 시대감각에 맞게 편집되었다는 점을 밝힌다.

인생의 문제를 해결하는 지혜,
시대는 변해도 패턴은 그대로

『인생의 서른 가지 질문에 대한 해답Love, Life & Work』은 '온고
이지신溫故而知新, 고전에서 지혜를 얻어라'는 명제에 가장 적합한 책
이다. 시공간을 넘어 현재의 삶의 문제를 과거의 현자들에게 답을
물어 지혜를 빌려오는 건 고전을 통해 할 수 있는 일이다.

인간의 삶은 패턴화되어 있으며 인생의 근원적인 고민도 되
풀이된다. 현대는 물질문명이 발달했지만 정신문명은 퇴화했다. 인
간의 정신이 더 빛나는 과거로 돌아가 물질물명에 덜 오염된 사상가
에게서 삶의 지혜를 얻는 것도 현대를 살아가는 우리들이 가져야 할
현명한 삶의 태도일 것이다.

미국의 사상가이자 작가인 엘버트 허버드의 깊고 날카로운
인생에 대한 통찰력을 빌려, 현재 우리가 처한 인생의 문제를 풀어

나가면 이보다 더 좋을 수는 없다. '삶의 철학'은 인간이라면 반드시 장착하고 있어야 할 정신의 무기이다. 인생이라는 거친 바다를 헤치고 나갈 수 있는 안전 장비이다. 예고 없이 찾아오는 삶의 고비마다 기댈 수 있는 '정신적 보험'이다. 우리는 길다면 길고, 짧다면 짧은 인생이라는 여정에서 힘든 일과 마주했을 때 금방 자신을 포기해버리기 쉽다. 스스로를 망가뜨리는 것은 눈앞에 나타난 불행이 아니라, 바로 자기 자신 안에 쌓아 놓은 삶의 철학 차이다. 수많은 생각의 파도로 삶의 철학이 단단한 퇴적물처럼 잘 쌓여 있다면 언젠가는 인생의 함정에서 거뜬히 빠져나올 수 있다.

그러나 일상에만 쫓기며 아무것도 마음속에 쌓아 놓지 않았다면 삶의 고통은 허공 속을 맴돌다가 결국 자기 자신에게로 돌아오는 날카로운 칼날이 된다. 그리하여 자신의 존재를 부정하고 파멸시키는 최악의 상황까지 가는 경우도 생기게 된다. 그것이 곧 우리 사회에 만연해 있는 '자살'이라는 극단적 형태로 자기를 포기하는 표현 방법이다.

국내에 미발표된 엘버트 허버드의
숨겨진 보석 같은 '지혜의 서'

　　평소 '생각'을 저축해놓지 않는다면 인생은 해답 없는 미로
다. 그 미로를 빠져나오기 위해서라도 우리는 평소 생각이라는 파도
를 내면으로 수없이 몰아치게 하면서 삶의 철학을 쌓아가야 한다.
우리 생각의 안내자를 한 사람 추천하자면 바로 이 책의 저자 엘버
트 허버드이다.

　　『가르시아 장군에게 보내는 편지』로 이미 국내에 알려진 대
로 그는 짧지만 강한 인생의 메시지를 우리에게 전한다. 『인생의 서
른 가지 질문에 대한 해답Love, Life & Work』은 국내에 미발표된 엘버트
허버드의 숨겨진 보석 같은 '지혜의 서書'이다. 우리보다 아주 오래
전에 먼저 살다 간 엘버트 허버드의 삶의 철학에 귀를 기울이면 미로
같은 삶에 대한 해답의 한 조각을 얻을 수 있다.

　　아무리 시간이 흐르고 공간이 달라져도 인간의 본성과 삶에
대한 대처법은 그대로인 것 같다. 놀라울 정도로 인간의 본성과 운
명을 아주 정확하게 꿰뚫어보는 엘버트 허버드의 혜안을 따라가다
보면, 역시 인생이란 시공간을 초월해 패턴화가 되어 있다는 것을
깨닫게 된다. 또 삶에 대한 해답 속에 반짝이는 지혜는 우리 삶을 운

영하는 원리가 되어줄 수도 있다. 이 책을 읽은 독자들 중 그 누가
됐든 한 사람이라도 인생의 난제를 헤쳐 나가는 데 도움이 되길 바
란다.

디오니소스
프로젝트

책읽는귀족은
『인생의 서른 가지 질문에 대한 해답』을 두 번째 주자로
'디오니소스 프로젝트'를 이어간다.
'디오니소스'는 니체에게 이성의 상징인
아폴론적인 것과 대척되는 감성을 상징한다.
'디오니소스 프로젝트'는 고대 그리스 신화에서는
축제의 신이기도 한 디오니소스의 특성을
상징적으로 담아내려는 시도로,
우리의 창조적 정신을 자극하는 책들을 중심으로
디오니소스적 세계관에 의한, 디오니소스적 앎을 향한
출판의 축제를 한 판 벌이고자 한다.
니체는 디오니소스를 통해
세상을 해방시키는 축제에 경탄을 쏟았고,
고정관념의 틀을 깨뜨릴 수 있는 존재로
디오니소스를 상징화했다.
자기 해체를 통해 스스로를 극복하는 존재의 상징이기도 한
디오니소스는 마치 헤르만 헤세의
"새는 알에서 나오려고 발버둥 친다. 알은 새의 세계다.
태어나려고 하는 자는 하나의 세계를 파괴해야 한다."는
의미와 맞닿아 있다.
이제 여러분을 '디오니소스의 서재'로 초대한다.

Contents

1

우리는 어떻게 소망하는 법을 배울까

기 도

A Prayer

나는 매순간 소망한다.

그러나 내 마음 속에서 간절히 바라는 것은

누구나 갈망하는 것들이 아니다.

내가 가장 소망하는 것은

남들보다 유식해지거나

부자가 되거나

유명해지거나

권력을 갖거나

혹은 착하게 살고자 하는 것이 아니다.

그저 눈부시게 빛나는 것이다.

나는 건강과 유쾌함, 차분한 용기, 그리고 선의를 갈고 닦아
빛나고 싶다.

나는 증오와 변덕, 질투와 시기, 그리고 두려움 없이 살고 싶다.
나는 단순하고 정직하며, 솔직하고 자연스럽고, 깨끗한 몸과
마음으로 살고 싶다.
알지 못할 때는 '모른다'고 대답할 줄 알고 싶다.
나는 모든 사람을 온전히 동등하게 대할 수 있는 꾸밈없는
마음가짐으로
어떤 어려움과 장애물에도 당당하고 두려움 없이 맞서고 싶다.

나는 또한 다른 사람들이
자신들의 삶을 가장 고결하고 온전하며
최선의 방식으로 살 수 있기를 소망한다.
이를 위해, 나는 결코 다른 사람의 삶에
간섭하고 참견하거나 명령조로 말하지 않을 것이다.
나는 또한 남들이 원치 않는 조언을 하거나
불필요한 도움을 주지 않을 것이다.

만일 내가 다른 사람들을 도울 일이 있다면 어떻게 할까.
나는 그들이 스스로를 도울 수 있는 기회를 주는 방식으로
도울 것이다.

만일 또 내가 그들에게 희망이나 영감을 준다면
어떤 방식이 좋을까.
남들에게 경고하거나 지시하는 방법이 아니라
예를 들어주거나 혹은 제안의 방식으로 할 것이다.

매일 나는 기도를 한다.
이렇게
나는
매순간 인생을 밝게 빛내는
빛이 되는 사람이고 싶다.

Life and Expression

우리는 어떻게 삶을 표현해야 할까

삶 과 표 현

　　몸을 끊임없이 사용하면 근육이 생기듯이, 정신이 성장하기 위해서도 연습이 필요하다.

　　그런데 삶에 있어서 표현은 반드시 필요하다.

　　인생은 표현하는 것이며, 억누르고 자제하는 건 머무는 것이며 동시에 죽음과도 같다.

　　하지만 삶을 표현하는 것엔 옳은 표현과 그른 표현이 있다. 인생을 경거망동하게 살면서 동물적 본성만으로 자기 자신을 표현

한다면,

　그 사람은 고결하며 최선인 삶을 억누르고 있는 셈이다. 그의 내부에 있는 아름다운 영역과 고결함이 억눌러져 점점 위축될 것이다. 그리고 머지않아 그가 활용하지 못한 이러한 고결한 자질들은 결국 사라져버린다.

　우리는 행동의 잘못된 결과로 위기에 빠지는 것이 아니다. 때로는 행동 그 자체가 우리 인생을 위기로 몰고 간다.

　우리가 육욕과 폭식을 탐하고 정신적 삶을 억압한 채 방종하고 음탕한 삶을 산다면,

　우리의 아름다운 영혼은 결코 꽃피우지 못하게 된다.

　이는 결국 우리 자신의 영혼을 잃어버리는 것이나 다름없다.

　오랜 세월 동안 철학자들은 이러한 삶의 진실을 줄곧 이야기해왔다.

　자극적이고 감각적인 삶을 버리고 정신적인 삶에 헌신하는 사람들을 역사 속에서 자주 만날 수 있다. 삶을 표현하는 방식은 중요하다. 이것이 결국 우리의 운명을 가르기 때문이다.

　　정신을 통해 삶을 표현하는지, 감각을 통해 표현하는지에 따라 우리 인생은 극과 극으로 달라진다. 삶을 표현할

때 그 기준이 영혼이냐 또는 육체냐 하는 문제는 모든 철학
과 종교에서 영감의 핵심이 되어왔다.

종교가 우리를 속일지라도

세상에 종교는 무수히 많다. 이 모든 종교는 물과 기름처럼
결코 섞이지 못하는 두 가지 요소로 이루어져 있다. 바로 도덕성과
교리Dogma라는 요소다.

종교는 도덕성과 교리의 화학적 결합이 아니라 물리적 혼합
이다. 교리란 보이지 않는 것의 과학, 즉 알려지지 않고, 알 수 없는
것에 대한 신념이다. 그리고 교리에 타당성을 부여하기 위해 종교의
전파자들은 언제나 교리를 도덕성과 결부시킨다. 도덕성은 교리와
완전히 별개의 것으로 존재할 수 있다. 하지만 교리는 언제나 도덕성
에 기생하며, 성직자들은 그 둘을 곧잘 혼동시킨다.

하지만 도덕성과 종교는 결코 화학적 작용이 일어나지 않는
다. 도덕성은 그저 우리의 생명력을 어떻게 표현하고 사용할 것인가
에 대한 문제이다. 예컨대 우리에게 에너지가 넘쳐난다면 그 에너지
로 무엇을 할까. 다수의 사람들 중에는 늘 앞에 나서서, 보수를 받고

우리에게 조언을 해 주는 사람들이 있다. 하지만 그들이 무엇이 옳고 무엇이 그르다고 단정을 지어 말할 때 그들에게 아무 영향력이 없다면, 우리는 그들의 말에 전혀 귀 기울이지 않을 것이다.

하지만 신적 존재가 그들의 조언을 뒤에서 든든히 받쳐 주고 있다면, 또 우리가 신의 말을 믿었을 때는 보답이 있는 반면, 믿지 않았을 때는 끔찍한 형벌이 뒤따른다고 한다면 어떨까.

스스로 자신을 우월한 존재라고 일컫는 이들은 결국 신적 존재를 등에 업고, 사람들을 원하는 대로 휘둘러 온 셈이다. 공식 종교들의 진화는 사실 그리 복잡한 과정을 거치지 않았다. 이들 종교들은 모두 도덕성과 교리라는 두 가지 섞일 수 없는 것들을 한데 모아 담아냈을 뿐이다. 종교의 이러한 실체는 생각이 있는 사람이라면 누구나 인정할 수밖에 없을 만큼 명확하고 지극히 단순한 진실이다.

대부분의 종교에서는 사랑과 진리, 관용과 정의 및 관대함 같은 도덕을 가르친다. 하지만 그리스어 문법이 그러하듯이 여기에는 무수히 많은 예외가 있다. 종교의 도덕성에서 끊임없이 불거져 나오는 예외적 사례는 많다. 종교적 선善을 위해서라면 사랑과 진실도 포기될 수 있다는 것이다. 또 관대함과 정의마저 우월한 계급의 의견에 따라 제외될 수 있다. 이러한 예외 때문에 종교를 가진 국가들 사이에서는 무수한 전쟁이 일어났다.

내 삶의 표현 방식은 누가 정할까

　　그렇다면 우리는 삶을 어떻게 표현해야 할까. 사람마다 기질과 성향이 매우 다양하기 때문에 이를 쉽게 단정 짓기는 힘들다. 애초에 육체와 관련된 죄에 대해서는 한 치도 허용하지 못하는 사람들도 있다. 또 반면에 지나치게 방만하게 생활하다가 어느 순간 호색적 성향을 잃고 금욕적인 삶으로 돌아서는 사람도 있다. 하지만 모든 종교적 설교는 "우리는 삶을 어떻게 표현해야만 하는가"라는 단 한 가지 주제만을 담고 있다. 그렇지만 모든 사람들은 금욕주의와 탐닉 사이에서 왔다 갔다 한다.

　　금욕주의에 대한 흥미로운 현상은 역사 속 수도회에서 찾아볼 수 있다. 수도회 사람들은 다른 사람들이 접근할 수 없는 산꼭대기에서 산다. 이들은 며칠 동안 음식 없이 지내거나 불편한 옷을 입고 극심한 추위를 참아내는 등 자신의 육체적 편안함을 남김없이 박탈해버린다.

　　또 수도회에서는 여자의 얼굴을 단 한 번이라도 쳐다보는 것조차 허용하지 않는다. 여자를 한번 흘낏 곁눈질해서 본 것만으로도 지옥에 떨어질 수 있다고 생각한다. 수도회 사람들이 살아가는 방식은 오랜 시간동안 정신적 수행을 하며 육체적 표현을 최대한 억압하는 극단적인 사례인 셈이다.

삶을 표현하는 올바른 기준점은 어디쯤일까. 진실은 극단적으로 육욕을 억누르며 사는 수도승과, 방종을 즐기는 감각론자 사이 어딘가에 자리 잡고 있다. 하지만 역사를 돌이켜 보면 자신만이 명확한 삶의 기준을 발견했다고 믿는 것에서부터 비극은 시작되었다. 다른 모든 사람들 역시 동일한 기준을 따라야 한다고 강요했기 때문에 사람들 사이에 갈등이 빚어지고 전쟁이 일어났다.

또한 사람들이 만들어 놓은 모든 법은 '인간에게 허용된 행동은 무엇인가'라는 점을 주요 내용으로 삼고 있다. 심지어 1800년 대 영국에서는 '떠돌이 연극배우들'과 '바이올린 연주자들', '대중의 양심을 흩뜨리게 하는 사람들'과 '경박하게 춤추는 사람들', '불경스런 말을 하는 자들'을 처벌하는 법규들을 찾아볼 수 있을 정도이다. 이런 법에서는 서른일곱 건의 경범죄 행위에 대해 법적으로 사형 선고가 내려지기까지 했다. 삶에 있어서 어떤 표현이 옳고, 어떤 것이 그른지는 그저 견해의 차이일 뿐인데도 이런 엄청난 일들이 일어났던 것이다.

어떤 종교적 교파에서는 노래를 부르거나 악기를 연주하는 것을 금지하기도 했다. 이들은 청각이 영혼을 흥분시키고, 류트(연주법이 기타 비슷한 초기 현악기-옮긴이 주)의 음탕한 즐거움은 인간을 부도덕한 생각으로 이끄는 큰 죄라고 여긴다. 또 어떤 이들은 춤을 사악한 것으로 생각한다. 또 다른 이들은 일부 파이프 오르간 연주음악은 허용한 반면, 바이올린은 절대 안 된다고 선을 긋기도 한다.

반면 예배 중에 오케스트라 연주를 활용하는 교파도 있다. 또 어떤 교파에서는 그림을 우상숭배라고 여기기도 하고, 갈고리단추 침례교도Hook-and-Eye Baptists라 불린 집단의 사람들은 심지어 단추를 부도덕한 것으로 간주하기까지 했다.

톨스토이조차 삶의 진실을 알지 못했다

때로는 개인의 삶에서도 이상한 진화가 나타난다. 예컨대 위대한 성자로 알려지는 레오 톨스토이Leo Tolstoy는 한때 감각주의자였다가 금욕주의로 방향을 바꾸었다. 이러한 진화는 성자들의 삶에서 흔히 볼 수 있다. 하지만 톨스토이처럼 위대한 인물조차도 그의 주장의 가치를 떨어뜨리게 만드는 심각한 결함이 있었다. 바로 그가 삶의 공식에서 아름다움이라는 요소를 빼버렸다는 점이다.

톨스토이는 삶의 다양한 빛깔과 모양, 그리고 음악 같은 달콤함에서 오는 조화를 고려하지 않았다. 그는 개인의 행복과 안위에 영향을 주는 이 모든 것들을 적극적으로 부정한다. 몸이 허기를 느끼듯 정신은 아름다움을 갈구한다. 아름다움은 감각을 통해 정신에 말을 건다. 그럼에도 불구하고, 톨스토이는 궁핍 직전의 척박한 상황까지 우리를 몰고 간다.

나는 톨스토이를 마음 깊이 존경한다. 하지만 여기서 그를 언급하는 이유는 단지 한 가지 사실 때문이다. 톨스토이처럼 아주 현명한 사람조차도 사람들에게 가장 좋은 것이 무엇인지 오로지 자기만의 기준에서 가르치려 드는 위험에 빠질 수 있다는 사실을 말하기 위해서이다.

결국 판단은 스스로 하는 편이 더 낫다. 지난 오랜 인류의 시간동안 사람들을 괴롭혀 왔던 끔찍하고 잔인한 역사는 상당 부분 그저 기질적 차이에 따른 견해의 다름에서 시작되었다. 그렇다면 인간에게 가장 바람직한 삶의 표현은 무엇일까.

이는 2000년 전에 그랬던 것처럼 오늘날에도 여전히 남아 있는 문제이다. 다시 말해, 우리가 구원을 얻기 위해서는 무엇을 해야 할까. 모든 사람들에게 똑같은 것을 하라고 말하는 것은 확실히 불합리하다. 삶의 표현의 문제를 개인에게 기꺼이 맡겨 둘 때 인류는 성장할 것이다. 하지만 모든 사람들에게 단 한 가지 방식만 따르며 살 것을 지속적으로 강요한다면 새로운 시대는 결코 오지 않을 것이다.

대부분의 사람들은 자신들에게 최선이 되는 동시에 다른 사람들에게는 최소한의 해를 끼치는 일을 하고 싶어 한다. 오늘날 보통 사람들은 힘을 합쳐 유토피아를 만들어낼 수 있을 만큼 충분한 지적 수준이 있다. 지도자, 혹은 구도자를 자칭하며 대가를 요구하는 사람들이 다른 사람들에게 이래라 저래라 강요하지 않고, 다른 사람들이 가진 것을 넘보지만 않는다면, 유토피아는 그리 멀리 있는 것만은 아니다. 국가들 사이의 전쟁과 개인들 사이에서의 갈등은 결국 자신만의 기준을 요구하고 소유만을 갈망하는 데서 빚어졌다.

약간의 인내심과 관용, 그리고 사랑으로 인류를 대면하자. 과거의 잘못된 역사에 굴복하지 않으며 거짓된 권위를 받아들이지 말자. 사람에 대한 믿음과 스스로에 대한 자신감으로 용기 있게 미래를 바라보자. 그러면 인류는 성숙하게 무르익어 빛나는 삶을 위대하게 꽃피울 수 있을 것이다.

Time and Chance

우리는 어떻게 잠재력을 일깨울까

시 간 과 　 기 회

이

주제는 다소 복

잡하기 때문에 우선 주제에

대해 설명을 좀 해야겠다. 첫 번째 요점은,

사람들의 지능은 결국 별반 차이가 없다는 점이다. 위인

이라고 해서 일반인들이 생각하는 것만큼 그리 대단하지 않은 반면,

멍청한 사람도 생각만큼 그리 어리석지는 않다. 어떤 사람에 대한 우

리의 평가는 자신이 가진 것을 쇼윈도에 멋지게 전시하는 능력이 있

는 사람과, 자신이 가진 것이 무엇이며 이를 진열할 쇼윈도가 있는지

제대로 파악조차 못하는 사람의 차이에 따라 달라질 뿐이다. 미국의

사상가이자 시인인 랄프 왈도 에머슨Ralph Waldo Emerson은 다음과 같이 말했다.

"정신은 모든 것을 아는 반면,
지식은 하나의 기억행위일 뿐이다."

사실 대부분의 사람들은 자신이 인식하는 것보다 천 배 이상의 것을 알고 있다. 잠재의식의 고요한 심연으로 내려가면 뇌의 주인이 밖으로 불러주기를 기다리는 무수한 진실들이 자리를 잡고 있다. 이처럼 잠재의식 속에 축적된 생각들을 활용하기 위해서는 마음속 생각을 다른 사람들에게 표현해야 한다.

자기 생각을 잘 표현하기 위해서는 최종적인 경험의 결과들이 저장되어 있는 잠재의식의 영역 속으로 정신을 고양시켜야 한다. 다시 말해 자기 자신, 즉 자의식에서 '빠져 나와' 시공간의 한계를 벗어난, 반 무의식적인 영역 속으로 들어가야 한다. 위대한 화가들은 그림을 그릴 때 모든 것을 잊고 캔버스에 빠져든다. 또 작가들은 글을 쓸 때 자기 주위의 모든 것을 잊는다. 그리고 성악가는 선율의 날개를 타고 청중들과 함께 날아오른다.

연설가는 자신이 열광하는 주제에 너무나 깊이 몰입한 나머지, 한 시간 동안 자신의 영혼을 쏟아내는 강연을 하고도 고작 5분밖에 지나지 않았다고 느끼기도 한다. 우리가 최고의 절정 상태에 도달하여 최상의 자신을 표현해낼 때, 우리는 일종의 무아지경 상태에 빠져든다. 이러한 상태에 들어간 사람들은 모두 자신이 지닌 지식의 양과 영감의 크기에 압도된다.

우 선 자 신 안 의 잠 재 력 을 인 정 하 라

어떤 사람들은 이러한 무아지경의 상태에서 한 발 더 깊이 들어가기도 한다. 이들은 자신의 잠재의식이라는 방 안에 엄청난 지식이 쌓여 있다는 사실은 알지 못한 채, 자신들의 지적 능력이 어떤 영혼에 의해 인도되고 있다는 결론을 내린다. 이런 잘못된 결론에 도달하면 그는 절정의 상태에서 점점 시들기 시작한다. 왜냐하면 그는 자기 자신이 아니라 이미 죽은 자에 의존하기 때문이다. 자신이 아니라 남에게 정신적으로 의존하면 결국 자신 안의 무한한 잠재의식의 원천을 이용할 수 없게 된다.

마음은 이중적이다. 즉 마음에는 객관성과 주관성이 있다. 객관적인 마음은 모든 것을 보고, 듣고,

판단한다. 주관적인 마음은 차곡차곡 쌓이다가 객관적인 마음이 잠들 때만 모습을 드러난다. 어떤 이들은 객관적인 마음이 쉬고 있을 때, 몰입되고 사색적이거나 혹은 반 최면 상태를 이끌어 낸다. 이들은 결코 자신들의 잠재의식의 금고를 저장창고로만 내버려 두지 않는다. 잠재의식의 위대함을 깨달은 사람들은 언제나 자아를 의식한다.

서로 물고 뜯는 세상에서 살고 있는 사업가들은 경쟁자들에게 자신의 생득권을 빼앗길 지도 모른다는 두려움에 사로잡힌다. 이런 불안감은 심지어 꿈을 꾸는 동안에도 무슨 일이 일어나는지 정신을 바짝 차리고 있어야 하기 때문에 객관적인 마음이 늘 지배적이다. 반면, 늘 꿈꾸고 공상하는 시인이나 예술가는 가난한 법이다.

요약하자면, 모든 사람들은 모두 엄청난 잠재의식이 있다. 하지만 일부 사람들만이 운명적으로 존재의 평원 위에 정신적 군대를 집결시킬 수 있으며, 이 사실을 늘 염두에 둔다. 그러나 다른 사람들은 결코 그렇게 하지 못한다.

잠재의식의 영역에는 무엇이 기다리고 있을까

하지만 자신이 지닌 잠재적인 보물을 완전히 소유하기 위해서는 무엇이 필요할까. 힌트를 주자면, 편안함과 번영, 보답 받은 사랑, 세속적 안정은 그 답이 아니다.

"너는 노래를 참 잘하는구나."

스승이 자신의 수제자를 일단 칭찬하고 말을 이었다.

"하지만 사랑에 모든 것을 바친 후에 방치되고, 거절당하고, 경멸 받고, 철저히 망가져서 결국 죽을 지경이 될 때야 비로소 너는 진짜 훌륭한 노래를 할 수 있을 것이다. 네가 죽지 않고 다시 돌아온다면, 세상은 너의 목소리를 천사의 목소리로 착각하며 네 발 밑에 무릎을 꿇을 것이다."

여기서 얻을 수 있는 교훈은 무엇일까. 우리가 만족스럽고 편안할 때는 객관적인 마음밖에는 활용할 수 없고 감각의 세상에서 살 수밖에 없다는 점이다. 하지만 얻을 수 없는 사랑으로 마음이 찢어지고 그림자를 쫓듯 상실의 감각을 뒤쫓으며 기억 속에서만 살면 어떨까. 또 죽음이 다가오는 것을 허락하고 하늘이 무너지는 고통을 느낀다면, 혹은 어리석은 오해와 참담한 패배로 먼지처럼 부스러질 때까지 자신을 몰아붙인다면……

    그제야 비로소 우리는 시간과 공간, 그리고 자기 자신조차 잊은 채 가상의 저택 속에 피난처가 생길 것이다. 그리고 절대 좀먹거나 녹슬지 않고 도둑이 들지 않는 보물창고 안에서 사색에 잠겨 슬프고도 달콤한 만족감을 찾을 수도 있다.

그렇게 영원을 바라보며 우리는 지금 이 순간을 온전히 잊고 잠재의식의 영역으로 나아갈 수 있다. 정신의 영역에서는 고대의 신들과 순수한 시대가 기다리고 있을지는 알 수 없다. 하지만 어떠한가. 한번 도전해 볼 가치는 있지 않은가?

Psychology of a Religious Revival

우리는 어떻게 마음의 길을 찾을까

종 교 부 흥 의   심 리 학

4

거리축제를 주관하는 사람들은 방방곡곡을 돌아다닌다.

거리축제나 사육제Mardi Gras는 축제의 정신을 표현하기 위해 마을 주민들이 자발적으로 벌이는 행사가 결코 아니라는 사실을 잊지 말자. 이러한 축제들은 세심하게 기획되고 광고되어 빈틈없이 진행되는 하나의 사업이다. 거리축제를 관장하는 사람들은 사전에 대리인을 보낸다. 그리고 그곳의 지역 상인들과 조율해 축제를 여는 데 필요한 법적 허가를 얻어낸다.

축제 한 주 전에는 더욱 적극적인 광고가 이루어진다. 영향력이 있는 신문들은 많은 지면을 할애하여 축제 때 있을 멋진 행사들에 대한 소개를 싣는다. 암표상, 호객꾼, 광대, 곡예사, 무용단 및 가수들을 이끌고 공연이 시작되고 축제를 알리는 밴드의 흥겨운 연주가 울려 퍼진다. 축제의 목적은 도시의 산업을 부흥시키기 위해서이다. 또 축제를 전문적으로 관장하는 사람들은 상인들로부터 보증금을 받거나 권리금의 일부를 받음으로써 자신들의 이윤을 챙긴다.

마을의 사업이 매우 안정적이며 기반이 탄탄할 때는 거리축제에 대한 의존성이 낮다. 거리축제는 경쟁 마을이 자신의 마을보다 사업의 몫을 점점 더 많이 가져간다고 여겨질 때 유행한다. 예컨대 스캐니아틀레스 마을의 사업이 워털루 마을 쪽으로 기울 때, 스캐니아틀레스 마을은 어쩔 수 없이 거리축제를 열게 되는 것이다.

하지만 거리축제를 한다고 해서 마을에 위생시설과 하수처리 시설이 생기고 양질의 물 공급과 학교 건물 및 도로 포장이 이루어지는 것은 아니다. 이런 시설들은 거리축제 속에서 휘날리는 색종이들과 요란한 폭죽소리, 그리고 통행 금지령의 해제 따위로 얻을 수 있는 것이 아니다.

설사 거리축제로 상업을 부흥하고, 행사단에 의해 마을이 견고한 경제적 바탕을 마련하는 데 도움이 된다 할지라도 여전히 문제는 남는다. 나는 정치경제학을 연구하는 학생들과 여기에 대해 의문을 제기하였고, 이론을 넘어서서 이를 실제 지역 조건에 적용해 보았다. 최근, 각지에서 유행하고 있는 종교부흥은 고도로 정교하게 짜인 사업계획이다. F. 윌버 채프먼F.Wilbur Chapman과 그의 잘 훈련된 연합 단체들은 보수를 받고 지역의 종교적 부흥을 촉구하는 활동을 한다.

부 흥 회 의   기 본   요 소 는   최 면 술 이 다

종교부흥은 거리축제와 상당히 비슷한 방식으로 이루어진다. 파업에 맞서 제임스 팔리(James Farley : 1888~1976, 미국의 정치가. 파업 노동자를 대신하여 노동자를 제공하는 사업체를 운영하였다-옮긴이 주)의 파업파괴자strike-breaker 서비스를 이용하듯이, 어떤 마을에서 종교가 퇴조되고 있는 상황이라면 종교부흥 운동가인 채프먼을 고용하면 된다. 채프먼과 그의 동료들은 마을과 마을, 도시와 도시를 돌아다니며 종교부흥 사업을 해나간다. 이들은 서비스의 대가로 일주일에 천 달러를 받거나 헌금의 일부를 챙긴다. 때로는 보증금, 수익의 일부 또는 사례금을 받고 일한다.

채프먼 씨의 도움이 특별히 필요한 마을이 있다면 부디 서신과 비용, 그리고 추천서를 보내길 바란다. 돈을 내지 않으면 구원도 없다.

부흥회의 기본 요소는 최면술이다. 최면을 야기하거나 지적 상태를 혼미하게 만들어 사람들을 구워삶기 쉬운 상태로 교묘하게 이끄는 것이 바로 그 책략이다. 계획의 첫 번째 단계는, 사람들이 독립적으로 생각할 수 없는 상태까지 그들의 정신을 끌어내리는 것이다.

음울한 음악, 비탄에 잠긴 단조로운 목소리, 신을 향한 눈물겨운 호소, 음울한 신음소리 등이 경건한 외침과 혼연일체가 되면, 이 모든 것들은 청중들에게 끔찍한 효과를 만들어낸다. 청중들은 신이 노여워하고 있다는 생각을 끝없이 되뇌며 죄와 죽음, 영원한 고통을 떠올리게 된다. 만일 희생자들이 이따금씩 발작적인 웃음을 터뜨릴 지경이 된다면 통제는 더 쉽다. 휴식과 침착함, 온전한 생각은 허락되지 않는다. 시간이 충분히 무르익을 때쯤 되면, 아다지오 음악과 함께 환희의 대약속이 이루어진다. 강연자의 목소리는 이제 용서와 승리를 이야기하며, 영원한 삶을 약속한다.

부흥회의 최종 의도는 희생자가 무릎을 꿇고 앞으로 나아가 신에 대한 숭배를 인정하게 만드는 것이다. 이러한 행위가 이루어지고 나면, 이 개종자는 마침내 우호적인 형제자매님들 사이에 섞이게 될 것이다. 그의 사회적 지위는 개선되며, 사람들은 그에게 악수를 청하고 진심 어린 마음으로 안부를 물을 것이다. 그가 사람들에게 받아들여지면 비로소 그의 위치는 중요해진다.

게다가 그는 자신이 신에 대한 숭배를 순순히 따르지 않는다면 저 세상에서 지옥불로 떨어질 것이라는 사실을 알게 된다. 뿐만 아니라, 교회에 속하지 않는다면 현실에서 사회적으로뿐만 아니라 경제적으로도 지옥을 맛볼 것이라는 사실도 여러 가지 미묘한 방식으로 이해할 수 있게 된다. 모든 크리스천 공동체의 목적은 독립적인 생각이 있는 사람들을 사회적으로 거부하고 따돌리는 것이다. 신에 대한 숭배는 최면의식을 위한 구실일 뿐이다.

이들은 노여움을 달랠 수 있는 인격신의 존재를 가정한다. 그리고 지옥에서의 영원한 삶을 이야기하거나 어떤 허무맹랑한 말을 믿으면 영원한 생명을 얻을 수 있을 것이라고 제안한다. 그렇지 않다면 이처럼 터무니없는 최면 공식 따위를 정당화할 만한 제대로 된 이유라곤 단 하나도 없기 때문이다.

우리는 좋은 것이건 나쁜 것이건 과거를 계승한다. 또 우리 모두는 매독의 흉터처럼 불합리한 맹신의 흔적을 어느 정도 갖고 있다. 우리는 이러한 공포의 압제를 뿌리 뽑아야 한다. 우리의 본성에서 굴복하는 마음을 몰아내어 고결한 마음을 가져야 한다.

하지만 인간의 본성을 알고 있는 부흥주의자들은 모든 사기꾼들이 그러하듯 우리의 맹신적 두려움에 기대고자 한다. 우리의 바람을 이용하여 대가를 받고 용서와 영원의 삶을 제공한다. 부흥주의자들은 허무맹랑한 미신을 설교해서 돈과 명예를 거머쥐려고 한다. 왜냐하면 멋진 옷을 차려 입을 수 있을 뿐만 아니라 노동에서도 면제되기 때문이다. 이러한 특혜가 있는 한, 이들은 설교를 멈추지 않을 것이다. 우리의 정신을 옭아매기를 갈구하며 독실한 척하는 걸인 같은 부흥주의자들에게 일거리를 끊어 버린다면 이 세상에 희망이 있을 것이다.

- - - - - - - - - - - - - - - -

잃어버린 단추를 이야기하듯
길 잃은 영혼을 이야기하다

신성 결핍에 대한 생각은 적은 비용으로 죄를 용서받고 천국에서 날개 달린 빈자貧者가 될 수 있다는 생각을 불러왔다. 하지만 이런 생각은 두려움으로 가득 찬 사람들에게나 먹히는 법이다. 그래서 선발단들은 그 지역의 정통 성직자들과 세부적인 사항에 대해 사전에 정해 놓고서 부흥주의자들을 위한 길을 닦아놓는다. 이때, 만인구원론 신도들Universalists과 유니테리언 교도, 크리스천 과학의 신봉자들은 모두 의도적으로 배제시킨다.

부흥회의 목적은 정통 개신 교회의 줄어든 신도들을 채우는데 있다. 이를 위해서는 돈을 지불하고, 승리자에게는 전리품을 주어야 한다. 이들의 계획은 어린 아이들이나 정신이 불안정한 성인들처럼 지적으로 부주의한 사람들을 정통 교회의 울타리 속으로 몰아넣는 것이다.

방울 달린 모자는 독일계 미국인 출신의 재주꾼들로 구성된 채프먼의 엄선된 단체의 상징이 되었다. 우매함으로 가득한 색종이 조각들을 사람들에게 한가득 뿌리면, 사람들은 웃고 떠들며 종잇조각들을 피하느라 누구도 깊이 생각하고 숙고하며, 살피고 분석할 시간은 갖지 못한다. 그곳에는 허언장담과 귀가 찢어질 듯한 고백, 적절히 배치된 반란의 외침과 절망의 신음소리, 그리고 승리의 함성소리로 가득하다. 그런 다음 고용된 가수의 노래가 시작되고, 장엄한 오르간 소리가 울려 퍼진다.

일어나서 노래하고, 무릎을 꿇고 기도하고, 간청하며, 저주하고, 고통스러워하며 눈물을 흘리고, 위협하고 약속하며, 환희에 젖고 행복해하며 천국과 영원한 지복을 이야기하다가 마침내 결정을 내릴 시간이 다가온다. 낭비할 시간이 없다. 그렇지 않으면 영원히 지옥에 들 것이다!

이 모든 과정은 사전에 주의 깊게 계획된다. 사람들을 침 흘리는 백치로 만드는 데 전문인 사기꾼들은 이성을 혼란시키고 지적 능력을 흩뜨리게 한다.

그렇다면 이들이 부흥회를 여는 이유는 무엇일까?

첫째, 채프먼 박사와 그의 전문적 신봉자들은 싸구려 영광을 누릴 수 있다. 동시에 모든 유용한 노동으로부터 면제되며, 유용한 노동을 하는 사람들로부터 돈을 받고 점점 풍족해진다. 둘째, 정통 교회는 절대 작업장이나 학교 건물로 바뀌지 않고, 영원히 미신을 섬기는 곳으로 남아 있을 것이기 때문이다.

생각이 있는 사람들이라면, 악행의 결과로 인한 죄를 면제해

주겠다는 약속을 하는 종교적 껍데기를 쓴 사람들에게 진저리를 치며 돌아설 것이다. 하지만 그들의 최면술에 걸려 든 사람들은 꼭두각시처럼 조종당해 집착으로 괴로워하고, 바보 같은 감정에 사로잡히는 듯하다.

매사추세츠의 노스필드에 있는 한 전문학교에서는 이발학교에서 이발 업무를 배우듯, 주교제도학의 모든 분야를 배우고 수련하는 사람들이 있다. 이곳에서는 선데이라는 의미심장한 이름의 착한 친구가 일하고 있었다.

선데이는 당시 유행이던 데르비시(예배 때 쓰는 빙빙 도는 빠른 춤-옮긴이 주)를 추고 있었다. 선데이와 채프먼, 그리고 그 패거리들은 일부러 성직자의 표시가 전혀 나지 않는 옷을 입었다. 이들은 드러머처럼 멋지게 줄을 세운 바지와 따뜻한 조끼를 입고 시계 줄을 두 개 차고 다녔다. 이들의 태도는 자유롭고 편하면서 친숙했다. 이들이 신에 대해 말하는 방식을 보면, 그들은 신이 그들 자신들과 매우 비슷하다는 생각으로 신을 숭배하는 것 같다.

최근, 이들 부흥주의자들은 신에게 페이 밀스(Fay Mills : 1857~1916, 목사이자 기독교 사회주의자-옮긴이 주)를 자신들처럼 되게 해 달라고 탄원하기 위해 회의를 소집하는 등 예의 없는 언동을 벌였다.

페이 밀스는 바로 여기, 그리고 지금의 삶을 최선으로 살아야 한다고 말한다. 그는 다른 사람이 자신의 믿음을 받아들이지 않는다면 어떠한 일이 일어날 것이라고 섣불리 예언하지 않는다. 뿐만 아니라 자신과 같은 생각을 가지면 그 보답으로 영생이 기다리고 있다는 말 또한 하지 않는다. 페이 밀스는 구원할 가치가 없는 영혼보다, 구원할 가치가 있는 영혼에 더 많은 관심이 있다.

반면, 채프먼은 길 잃은 영혼들을 이야기한다. 그는 마치 신이 자신의 소유물을 잃어버린 것처럼, 그리고 자신이 책상 아래에서 잃어버린 단추를 이야기하듯이 길 잃은 영혼을 이야기한다.

아파치 인디언들이 카메라를 대하는 태도와 같은

진보는 개인의 고유성의 결과이며 옳건 그르건 간에 인간은 생각할 때 한 걸음씩 나아간다는 사실을 채프먼 박사는 깨닫지 못했다. 그는 모든 사람들이 똑같이 행동하고 똑같은 것을 믿기를 원했다. 뿐만 아니라 그는 아예 생각이 없는 것보다는 잘못된 생각을 하는 것이 차라리 더 나으며, 생각을 멈추고 다른 사람들의 의견을 그대로 받아들이는 것이야말로 지옥의 고통과도 같다는 사실 또한 이해하지 못했다.

　최후의 진실과 결론은 합리적인 사람들이 맑은 정신일 때도 답을 내릴 수 없는 매우 어려운 문제이다. 그런데도 이들 부흥주의 자들은 영원불멸의 진실을 간단히 요약하여 이를 자신들의 이름으로 꽁꽁 싸서 납으로 봉인하고 싶어 한다.

　로스앤젤레스에는 매킨타이어라는 한 전도사가 있었다. 그는 갈릴레오를 파문한 이탈리아 추기경 벨라르민Bellarmine과 판박이 같은 인물로, 자신이 옳다는 것에 한 치의 의심도 없었다. 그는 자신이 마치 신의 말을 전하고 있는 듯이 이야기했다. 그리고 자신에게 동의하지 않는 사람은 죽은 후에 지옥에 떨어질 것이라고 끊임없이 말하고 다녔다.

　말할 것도 없이, 매킨타이어에게는 단 한 점의 유머감각도 없었다. 페이 밀스를 위한 기도회를 소집한 것도 매킨타이어였다. 회의를 제안하면서 매킨타이어는 뻔뻔하게도 이렇게 말했다. 자신이 한 번도 밀스를 만난 적이 없으며, 그의 연설을 들은 적도, 그의 책을 읽은 적도 없다고 말이다.

　채프먼과 매킨타이어는 현대적 유형의 종교적 형식주의자들이다. 그들은 특정 교회의 관습이나 이익에 극단적으로 집착하는 사기꾼이며 달변가이다. 이들은 또한 영생에 대한 미신을 만든다. 미신은 하나의 악행이라는 볼테르의 말이 옳았다. 이성이 저항하는 것을 믿는 척 하면서 지적 능력을 망치는 일은 용서할 수 없는 죄악이다.

이들은 '예수의 피'를 이야기한다. 기적을 믿지 않는 사람은 영원히 길을 잃은 자라고 주장하기도 한다. 또 이를 깨닫는 자들에게는 영원한 삶이 주어질 것이라고 설교한다. 하지만 인간을 인간답게 만드는 것은 자기 확신Self-reliance, 자기 조절Self-control, 그리고 자기 존중Self-respect이다.

사람들이 생각하는 능력을 사용하기 시작한 것은 비교적 최근의 일이었다. 하지만 사람들은 여전히 이 능력을 제대로 활용하지 못하고 있으며, 하등한 동물과 인간을 구분 짓는 이 중요한 자질인 생각하는 능력을 사용하는 것을 두려워한다. 그래서 사람들은 자신에게 주어진 '사고'라는 소임을 거부하고, 자신의 신성한 생득권을 교회라는 단체에게 넘겨 버린다.

덕분에 교회는 사람들의 의심과 두려움을 다독여주는 역할을 떠맡았다. 교회가 이들을 대신하여 생각해 주기로 한 것이다. 교회는 한 발 더 나아가 사람들이 혼자 힘으로 생각하기에는 적합하지 않다는 사실을 납득시켰다. 뿐만 아니라, 혼자 힘으로 생각하는 것은 죄라고까지 확신시켰다.

이런 기본적인 정신 상태를 가진 사람들이 사고와 이성을 대하는 태도는 어떨까. 마치 아파치 인디언들이 카메라를 대하는 태도와 같다. 아파치 인디언들은 사진이 찍히면 한 달 내에 영혼이 시들어서 사라져 버린다고 믿었던 것이다.

나쁜 교육

탐험가인 스탠리에 따르면, 끊임없이 째깍거리는 시계 하나가 콩고에서 가장 용감한 추장을 두려움에 떨게 했다. 추장이 시계를 두려워한다는 사실을 알게 된 그는 시계를 들이밀며 모두를 악어로 만들어 버리겠다고 위협했다. 그러자 그들은 서둘러 그의 명령을 따랐다. 스탠리는 두려움에 벌벌 떠는 추종자들이 가진 미신을 제대로 이용했다는 점에서 진정한 노스필드의 부흥운동가의 자질이 있다고 할 만하다.

부흥운동가들의 모임은 영혼의 과용이며 정신적 타락이다. 동시에, 온전하고 합리적인 통제에서 벗어나 애욕으로 추락하는 것과 같다. 정상적인 지적 능력이 있는 사람이라면 누구도 이성의 고삐를 내던지고, 감정을 쫓아 태머섄터(Tam O'shanter : 로버트 번즈Robert Burns의 동명의 시의 주인공 농부로, 술취한 탬Tam은 말을 타고 가다가 한 교회에서 마녀들이 춤추는 것을 보고, 젊은 마녀를 칭찬하다 마녀들에게 쫓기다가 둔 Doon 강의 다리 위에까지 도망쳐 간신히 벗어난다-옮긴이 주)처럼 광란의 질주를 하며 난리법석을 떨지는 않을 것이다.

이처럼 억제되지 않은 감정으로 인한 과잉흥분은 신성모독일 뿐이다. 설령 인격신이 있다 하더라도 인간이 신에 대해 이토록 부조리한 생각을 하고 있다는 사실을 안다면 그 신은 매우 슬퍼할 것이다. 인간이 이성이라는 신성한 선물을 걷어차서 쓰레기통에 던져 버린다면 과연 신이 기뻐하겠는가.

전압이 지나치게 높으면 전류가 흐르지 못해 결국 절연된다. 부흥운동은 전압과잉과도 같다. 이들 부흥주의자들의 설교를 적어서 책으로 내보라. 정신이 똑바로 박힌 사람이라면 책을 읽다가 정신이 마비될 것만 같아서 도저히 끝까지 읽을 수 없을 것이다. 이들이 쓴 책은 통일성이 없고 분석이 불가능하며, 두뇌를 혼란시키고 의지를 마비시킬 것이다.

물론 기억에 남을 만한 날카로운 기지도 없을 것이다. 그 책은 진부함의 극치이며, 저자는 문학성이라고는 손톱만큼도 찾아볼 수 없는 역겨운 작가로 판명될 것이다. 하지만 새로운 신도들을 모으기에 급박한 나머지, 교회들은 자존심도 포기한 채 자진해서 부흥운동가들을 끌어들인다.

그리하여 선데이인지 먼데이인지 하는 어중이떠중이들과 채프먼이 찾아와 트릴비에게 최면을 거는 스벤갈리를 연기한다.(스벤갈리는Svengali는 조르주 뒤 모리에 George du Maurier의 소설 『트릴비 *Trilby*』에 나오는 인물로 소설에서 스벤갈리는 최면을 이용하여 음치였던 트릴비를 위대한 디바로 만든다. 하지만 공연 중 스벤갈리가 최면을 걸 수 없게 되고, 트릴비는 무대에서 웃음거리가 된다-옮긴이 주) 이 신사들은 경매꾼의 방법과 기술을 사용하여 감언이설을 늘어놓으며 그럴싸하고 번지르르한 방식으로 돈을 챙기는 전문적인 사기꾼들이다.

이 크리스천 광대들의 단원 중에는 채퍼Chaeffer라는 사람도 있었는데, 특히 그는 아이들을 다루는 데 전문이었다. 그는 소년소녀들을 모아 놓고 묘기를 부리거나, 얼굴을 이리저리 찡그리며 표정 연기를 해대었다. 그리고는 갖가지 이야기를 들려주며 아이들의 환심을 얻어 이들의 마음속에 파고든다. 그러다 순식간에 분위기를 바꾸어 이 순진한 아이들에게 죄와 신의 분노, 예수의 죽음에 대해 이야기하며 아이들을 경악시키고는, 그들에게 영원한 삶과 영원한 죽음 중 하나를 택하라고 말한다.

온유한 방식으로 아이들을 연구하는 프뢰벨처럼 진정 아이들을 알고 사랑하는 사람들의 입장에서 볼 때, 이 같은 과잉흥분적인 채퍼의 방식은 참으로 악랄하며 잔악하다고 하지 않을 수 없다. 활력이 없으면 지나친 걱정으로 움츠러드는 반면, 지나친 과잉 역시 대가를 치르기 마련이다. 마치 시계추가 잡아당긴 거리만큼 반대방향으로 가듯이 말이다.

이 고귀한 신사분들은 순진한 어린 아이들의 귀에 대고 이렇게 말한다. 너희는 모두 죄악을 갖고 태어났으며, 너희의 엄마 역시 죄를 짓고 너희를 임신했다고 시끄럽게 떠든다. 이들은 모든 아이들은 아홉 살(왜 하필 아홉 살일까)이 넘으면 영혼을 잃게 되고, 천국으로 가는 유일한 방법은 지적인 사람들이 일찌감치 폐기한 야만적인 속임수를 믿는 수밖에 없다고 말한다. 이 모든 것은 자비로운 주 예수 그리스도의 이름으로 이루어지며, 그들은 어린 아이들을 잡아 가두고는 "천국은 너희들의 것이다"라고 말한다.

죄를 갖고 태어난다는 이러한 사이비 명제는 아이들의 마음을 어지럽히고, 이들에게 헤아릴 수 없는 비참함과 불안 및 심적 고통을 안겨 준다. 몇 년 전, 우리는 마침내 악마의 존재가 사라지고, 연민의 눈물이 지옥의 불을 꺼뜨렸다는 사실을 자축했다. 하지만 미신을 믿고자 하는 유혹은 약간의 상처만 입었을 뿐 완전히 사라지지 않았다.

'아름다운 삶'의 함정

　　종교부흥의 두 가지 목적은 다음과 같다. 첫째, 개종을 통해 사람들은 더 나은 삶을 살 수 있다는 주장이다. 둘째는, 개종만이 영원한 죽음이나 끝없는 지옥구덩이에서 영혼을 구할 수 있다는 것이다.

　　사람들을 아름다운 삶으로 이끄는 것은 훌륭한 일이다. 하지만 채프먼 목사와 그의 동료들 및 그들이 대표하는 그 교파의 사람들 중 우리가 아름다운 삶을 살면 영혼을 구제받을 것이라는 데 즉시 동의하는 사람은 아무도 없다. 사실 매킨타이어 박사, 채프먼 박사와 토리 박사, 그리고 선데이 박사는 '예수님의 피'에 대한 믿음이 수반되지 않는 도덕은 위험하다고 끊임없이 경고한다.

　　그러므로 그들이 말하는 '아름다운 삶'이란 잘 속는 사람들을 낚기 위해 낚싯바늘에 끼우는 미끼인 셈이다. 그들이 주장하는 미신을 받아들이지 않는다면, 우리가 설사 아름다운 삶을 살고 있다 할지라도 그들에게는 경멸의 대상이며 아무 의미 없는 헛소리나 마찬가지이다. 그들에게 미신은 행동수칙이 아니라, 가장 중요한 핵심이다.

　　그러한 믿음이 광신이 아니라면, 나는 웹스터 완본 사전을 완전히 헛 읽은 셈이다. 미신을 믿으면 우리는 자기 자신과 사회를 더 선하고, 온유하며, 유용하게 만들 수 없다. 우리는 신에 집착하지 않아도 충분히 모든 덕을 갖출 수 있다. 반면에 우리가 신에 대해 집착할 때 모든 악행이 뒤따른다.

매킨타이어의 말에 따르면 페이 밀스는 모든 덕목을 갖추었다. 그는 너그럽고 친절하고, 온유하며 겸손하고, 사람들에게 도움이 되는 사람이다. 하지만 페이 밀스는 신에 대한 집착을 버렸다. 그 때문에 매킨타이어와 채프먼은 사람들을 모아놓고 페이 밀스를 위한 기도를 올렸다. 밀스는 신에 대한 집착을 갖고 있을 때에도 덕이 있었다. 그리고 신에 대한 집착을 버린 지금도 여전히 덕이 있다. 페이 밀스에게 반대하는 사람들조차도 그 사실은 인정한다. 하지만 그럼에도 불구하고 그들은 페이 밀스가 영원히 '길을 잃었다'고 주장한다.

채퍼 박사가 말하길, 습관에는 좋은 습관과 나쁜 습관이 있다고 했다.

종교에도 좋은 종교와 나쁜 종교가 있다. 친절함과 긍정적인 응원, 도움과 유용한 노력을 가르치는 종교는 좋은 종교다. 여기까지는 별다른 논쟁의 여지가 없으며 모든 사람들이 인정할 수 있다. 하지만 어떤 종교이건 간에, 구원의 조건으로 기적에 대한 믿음과 그 밖의 야만적인 미신을 포함한 종교는 그냥 나쁜 것이 아니라 매우 나쁘다.

또한 혼자서 충분히 생각할 시간만 있다면, 기독교적 구원은 기적에 대한 믿음을 통한 구원에 의존하고 있다는 사실을 누구나 깨달을 수 있다. 하지만 채프먼 박사와 그의 종교적 조마사(말을 길들이는 사람들-옮긴이 주)들은 가축을 몰듯 사람들을 몰아놓고 규격화시킨다. 자기주장이 강한 사람들을 밧줄로 꽁꽁 옭아맨 상태에서 매킨타이어의 낙인을 찍는 일은 아주 간단하다.

우리의 부흥운동가들은 축제 후의 반응과 정리 따위에는 전혀 관심을 가지지 않는다. 색종이와 바람 빠진 풍선, 땅콩껍데기 등은 부흥운동으로 벌어들인 순자산이며, 이는 지역 관리자들의 몫으로 떨어진다.

부흥회는 전적으로 부흥운동가들을 위한 것이다. 어느 화창한 아침, 부흥회가 휩쓸고 간 마을 사람들이 일어나서 졸린 눈을 비비며 생각해 보면, 채프먼에 대한 씁쓸한 기억만이 남을 것이다. 그리고 선데이와 채퍼, 토리, 비더울프와 그들의 단체는 악몽처럼 느껴질 것이다. 문명화된 사람들에게 성인들의 삶에 대한 설교를 하는 것은 네메시스(Nemesis : 율법의 여신으로, 인간의 우쭐대는 행위에 대한 신의 보복을 의인화함. 한 손에 사과나무 가지를 들고, 다른 손에 물레바퀴를 든 모습이나, 괴수가 끄는 전차에 탄 모습으로 표현됨-옮긴이 주)가 용인할 수 없는 시대착오적인 잘못이다.

마 음 속 유 령 으 로 부 터 자 유 로 워 지 기

미국은 20세기를 대표하는 국가이다. 네메시스 여신이 순간적으로 마음이 약해져 광신적인 우매함이 판치던 16세기를 용인한다면, 여신에게 직무유기의 죄를 물어야 할 것이다. 인간이 해야 할 두 가지가 있다. 하나는 다른 사람의 속박으로부터 벗어나는 것이다. 또 두 번째는 자신의 마음 속 유령으로부터 자유로워지는 것이다. 하지만 부흥운동가들은 이 두 가지에 어떤 식으로든 전혀 도움이 되지 않는다. 부흥운동가들의 과도한 활기는 기개나 개성이 아니다. 이들의 난봉은 활력과 자기 존중을 빼앗는다.

주창자와 관리자들을 통해 번창해 온 공식적으로 조직된 모든 종교들은 나쁘지만, 다른 종교보다 더 나쁜 일부 종교들이 있다. 미신을 많이 가질수록 나쁜 종교다. 대부분의 종교는 도덕성과 미신으로 구성된다. 순수한 미신 자체만으로는 사람들의 혐오나 반발을 사기 때문에 요즘 같은 시기에 누구도 끌어 모을 수 없다. 그렇기 때문에 도덕성과 종교는 분리될 수 없다는 생각이 도입된 것이다. 나는 신에 대한 집착이 없는 도덕성은 헛되며 무용하다고 믿는 사람들에 반대한다.

나는 진실과 정직, 유용함과 남을 돕는 인생의 아름다움을 설파하는 설교자들에 대해서는 몸과 마음을 다해 지지한다.

반면, 미신을 받아들이지 않는다면 아름다운 삶도 존재할 수 없다고 주장하는 설교자들에게 나는 이빨과 발톱을 세우고, 몽둥이와 혀와 펜으로 반대한다. 악행은 처단되어야 한다! 예언하건대, 언젠가 사업과 교육이 밀접해질 때가 올 것이다. 그때가 되면 상업과 대학이 손을 맞잡을 것이다. 그리고 삶의 준비 과정이 곧 일터에 가는 것이 될 것이다.

종교가 무지한 미신일 때, 신에 대한 집착적인 숭배는 경건함이 된다. 그리고 교육은 명예를 위한 장치에 불과한 것이 된다. 또한 무역은 사기행위이고, 사업은 물물교환이며, 상업은 책략이고, 정부는 착취이며, 살육은 영광이요, 살인은 예술 활동이 된다. 이런 상황에서 인류에게는 희망이 거의 없다. 이런 상태에서는 모든 것들이 분열과 방탕, 붕괴와 분리를 향해 가다 어둠과 죽음을 맞게 될 것이다.

하지만 과학에서 얻은 뛰어난 성과와, 사업에서 단일 가격제의 도입, 그리고 정직에 대한 점차적인 확신은 인간에게 가장 가치 있는 자산이다. 그리고 우리는 마침내 터널 끝에서 빛을 찾을 것이다.

이제 남아 있는 것은 일반 신도들이 성직자들에게 유죄 선고를 내리고, 그들의 가식에 대가를 치르게 하는 것이다. 그리고 신학, 법학, 의학의 세 전문직 범죄자들을 조문객으로 데려오라. 그러면 인류는 넓은 길로 나아가 이상도시의 높이 솟은 지붕을 발견할 수 있을 것이다.

5

우리는 어떻게 능력의 한계를 알 수 있을까
한 사 람 의 힘

One-Man Power

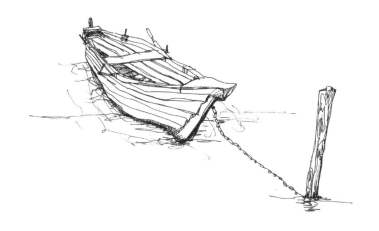

　　성공적인 일은 모두 한 사람의 힘에서 나온다. 엄밀히 말해 협력이란 오색빛깔 찬란한 무지갯빛 꿈에 불과하다. 협력이 이루어지는 것은, 어떤 한 사람이 협력을 하도록 만들기 때문이다. 그 사람은 자신의 의지로 사람들을 결속시킨다.

　　하지만 그 사람을 찾아 속내를 들여다보라. 당신을 바라보는 그의 지친 눈빛 속에서 "누군가와 함께 이 무거운 짐을 나눠지었으면!"이라고 외치는 그의 마음 속 절규를 들을 수 있다.

　　그러고는 그는 인재를 찾아 헤매는 자신의 끝없는 여정에 대해 이야기해 줄 것이다. 그는 자신을 도와 줄 누군가를 찾기 위해 노력했지만 지속적인 실망과 좌절만을 맛보았다고 말할 것이다.

　　지금은 그 어느 때보다 인재가 필요한 시기이다.

은행에는 돈이 가득 차 있고, 주위에는 일자리를 구하는 사람들이 넘쳐난다. 바야흐로 때는 무르익었지만, 사람들에게 일거리를 주고, 자본을 활용할 수 있도록 지휘할 인재는 부족하다. 슬프게도 그렇다. 모든 도시에서는 연봉 5천에서 만 달러를 받을 만한 고급 일자리가 넘쳐나지만, 지원자들은 주급 15달러짜리 일거리를 원하는 사람들뿐이다. 능력이 있는 자는 일찌감치 자리를 잡았다. 덕분에 인재는 찾기 힘들다.

하지만 능력이라는 자질보다
훨씬 더 특별하고 드문 자질이 있다.

바로
인재를
알아보는
능력이다.

고용주 계급에게 가장 뼈아픈 지적은 무엇일까. 능력이 있는 사람들은 대개 고용주의 도움이나 격려 없이도 자신들의 가치를 성공적으로 입증한다는 것이다.

능력이 있는 사람들은 거의 예외 없이, 어떤 기회나 사건을 통해 자신이 가진 힘을 발견한다. 이들에게 자신의 힘을 깨달을 기회가 되는 사건이 일어나지 않는다면, 이들은 세상에 아무 도움도 되지 못한 채 잊힐 것이다. 이름 없는 한 작은 역의 전신 기사였던 톰 포터의 경험을 통해 이러한 진실이 드러난다.

대부분의 전신이 불통된 상태에서 승객을 태운 열차가 다리를 통과하다 사고가 난 어느 끔찍한 밤에, 톰 포터는 자신의 능력을 발견할 기회를 맞게 되었다. 그는 사고로 인한 시신을 인양하고 부상자들을 돌보았으며, 회사 측 어음을 발행함으로써 50건의 합의를 이끌어 냈다. 경찰서장이 그 자리에 도착하기 전에 그는 잔해의 흔적들과 남은 고철덩어리를 처리하고 다리를 복구해 놓았다.

"누가 자네에게 이 모든 일을 처리할 권한을 주었나?"

경찰서장이 물었다.

"아무도 주지 않았습니다. 그냥 제가 알아서 처리했습니다."

톰이 대답했다.

다음 달부터 톰 포터는 5천 달러의 연봉을 받게 되었고, 3년 후에는 그 열 배를 받았다. 다른 사람에게 명령을 내릴 권한이 생겼기 때문이다.

'또 다른 톰 포터'를 찾는 방법

우리는 세상 어딘가에 있을 또 다른 톰 포터를 발견하기 위해 사고가 나기만을 기다릴 필요가 있을까. 차라리 우리가 톰 포터를 찾기 위해 덫을 놓고 기다리는 건 어떨까. 아마도 톰 포터는 우리 이웃, 또는 아주 가까이에 있을지도 모른다. 우리가 열심히 찾기만 한다면, 발견되고 또 발전되기를 기다리고 있는 무수한 인재들을 찾을 수 있지 않을까.

나는 30년 동안 숲과 들판을 쏘다녔지만 단 한 번도 인디언의 화살을 발견하지 못한 사람을 알고 있다. 하지만 그가 화살에 대해 '생각'하기 시작한 어느 날, 그는 자기 집 문간에서 화살 한 개를 발견했다. 그 이후로 그는 엄청나게 많은 화살을 모았다.

사람들의 무능함과 무관심, 그리고 성의 없는 도움에 대한 불평불만을 멈추어 보자. 이런 것들은 항상 존재하기 마련이다. 그러니 투덜거리기만 하지 말고, 안 좋은 상황들은 늘 있는 일이라는 것을 인정해 버리고 넘어가자.

그리고 각지에서 온 주근깨투성이 촌뜨기 소년들이 종종 일선에 나가서는 아주 능수능란하게 일을 처리한다는 사실에 초점을 맞추자. 능력이 있는 사람들을 알아차리는 데 아주 절묘한 재능이 있다는 이유로, 죽은 지 2,500년이 지난 후에도 역사를 대표하는 인물로 추앙 받는 사람이 있다. 바로 아테네를 만든 페리클레스_{Pericles}이다.

오늘날 발굴단들은 아테네의 거리들을 샅샅이 살피며, 페리클레스가 발견해 낸 인재들이 이끌었던 사람들이 만든 유물과 잔해를 발굴하고 있다.

인재를 발굴하는 분야는 경쟁이 거의 없다. 하지만 우리는 능력을 가진 사람들이 우리 앞에 나타나질 않는다며 앉아서 투덜거리기만 한다. 이제부터라도 인재에 대해 진지하게 '생각'해 본다면, 페리클레스를 따라잡을 수 있을 지도 모른다. 인재를 알아보는 데 가장 뛰어난 자질을 갖추었던 대표적 인물로 2,000년 이상 군림했던 그를 따라잡기란 알고 보면 어려운 일도 아니다. 페리클레스를 성공적으로 모방할 최초의 위대한 인물이 될 자는 누구인가?

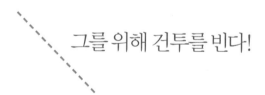

그를 위해 건투를 빈다!

6

Mental Attitude

우리는 어떻게 우주의 힘을 훈훈할까

정신적 태도

성공은 타고나는 것이다. 우리 주변에는 항상 운명에 짓눌리지 않는 사람이 있다. 이들은 의기양양하게 앞으로 나아가 세상에서 가질 수 있는 가장 최선의 것을 얻어낸다.

이들은 숨어서 때를 기다리지 않는다. 그 어떤 책략도, 아첨도 하지 않는다. 게다가 시류를 좇아 돛의 방향을 바꾸지도 않는다. 이들은 항상 깨어 있고, 어떤 일이 닥치건 활기차고 생생하다. 항상 범사에 감사하고, 꾸물거리지 않으며 꾸준하게 노력한다.

성공을 위해서는 건강이 무엇보다 중요하다. 외출할 때는 턱을 당기고 정수리를 꼿꼿이 세우고 걸어라. 숨을 최대로 들이쉬며 햇살을 마시는 것도 잊지 말고. 또 미소를 지은 채 친구와 인사하고 영혼을 담아 악수하라.

오해 받는 것을 두려워 말자. 그리고 적에 대해 생각하느라 시간을 낭비하지 말자. 하고자 하는 일에 마음을 집중한다면 방향을 잡으려 애쓰지 않아도 목표로 직행할 수 있다.

공포는 우리를 분열시키는 암초이다. 또한 증오는 배를 좌초시키는 함정이다. 우리가 두려움을 느낄 때 내리는 판단은 철광석을 가득 실은 배 안의 나침반처럼 믿을 수 없다. 심지어 증오를 느끼는 것은 배의 키를 떼어버리는 것과 같다. 그리고 만일 우리가 험담이나 소문을 생각 없이 받아들인다면 이는 배의 추진기에 밧줄이 엉켜 들게 만드는 셈이다.

우리가 하고자 하는 위대하고 훌륭한 일에 집중하자. 그날이 오면, 산호에 붙어사는 바다 생물이 물결치는 파도를 통해 필요한 영양소를 섭취하듯이, 우리의 바람을 충족시킬 수 있는 기회를 무의식중에 얻게 될 것이다. 마음속으로 능력 있고, 진실하며, 도움이 되는 사람의 모습을 그려라. 그리고 매 시간마다 자신이 바라는 특별한 사람으로 스스로를 변화시키는 생각을 해 보자.

생각은 가장 좋은 것이며, 생각하는 것은 행동하는 것보다 나을 때가 많다. 용기와 솔직함과 긍정적인 활기로 가득 찬 올바른 정신적 태도를 유지하자.

다윈과 스펜서에 따르면, 창조의 방법 또한 그러하다고 한다. 모든 동물은 자신에게 필요하고, 또 바라는 부분이 진화되어 왔다. 말은 빨리 달리고 싶어 해서 빨라졌다. 새들도 날고 싶어 했기 때문에 날 수 있게 되었다고 한다. 오리는 헤엄치고 싶어 했기 때문에 물갈퀴를 갖게 되었다. 이처럼 모든 것들은 바라는 대로 이루어진다. 진실한 소망은 늘 답을 얻기 마련이다. 우리는 우리의 마음이 정한 대로 된다.

우리가 하는 생각과 행동이
곧 우리 자신을 만든다

많은 사람들이 이 삶의 원리를 알고 있다. 하지만 그 원리가 우리의 삶을 만든다는 것까지 아는 사람은 얼마 없다. 우리는 영향력이 있는 사람들을 쫓아 지름길로 따라가거나, 좋은 사람을 사귈 수 있기를 기대하며 숨어서 그들을 기다린다. 하지만 친구를 갖는 유일한 방법은 자기 스스로가 친구를 삼고 싶은 사람이 되는 것이다.

우리가 다른 사람과 우정을 나누기 적합한 사람이 되기 전에, 우리는 스스로에게 적합한 사람이 되어야 한다. 즉, 우리는 자신에 대한 신뢰를 갖고 자신을 관리할 줄 알아야만 한다. 그런 후에야 남은 힘을 다른 사람에게 써야 한다.

우정을 갈망하되, 독립적인 영혼을 더 원하는 사람은 결코 친구에 목매지 않을 것이다. 친구가 있다면, 교제에 집착하기보다는 고독을 즐겨라. 신선한 바람을 마시고 따사로운 햇볕을 맘껏 쬐어라. 그리고 고요한 밤에 밖으로 나가 쏟아지는 별빛 아래서 '나는 세상의 한 부분이다'라고 스스로에게 되뇌어 보자.

그러면 우리는 이제 더 이상 하늘과 땅 사이에 끼인 침입자가 아니라, 세상에 없어서는 안 될 하나의 부분으로 이 우주에 동화되는 것을 느끼게 될 것이다. 우리가 우주에 동화되면, 동화되지 않은 그 어느 것도 우리에게 해를 끼칠 수 없다. 다만, 우리가 무너지는 때는 이 우주가 무너질 때뿐일 것이다.

오래된 과제처럼, 우리는 두려워하는 것과 틀림없이 마주하게 된다. 두려운 마음이 염려하던 일을 불러온다. 때로는 단지 잘못된 정신적 태도 때문에 여러 사건들을 파국으로 치닫게 만든다. 중년에 병으로 죽는 사람들은 예외 없이 오랫동안 자신들의 죽음을 준비해 온 사람들이다. 모든 사건의 정점이라 할 수 있는 극도로 비극적인 상태, 죽음은 좋지 않은 마음 상태의 결과로 생긴다.

성격은 우리의 정신적 태도와 시간을 보내는 방식, 이 두 가지에 의해 결정된다. 평소 우리가 하는 생각과 행동이 곧 우리 자신을 만든다.

우주의 힘을 움켜쥠으로써 우리는 우주와 함께 강해진다. 우리의 몸속 동맥 속에는 힘차게 피가 돌고 있다. 마찬가지로 우리 마음속에는 단호한 결심이나 의지가 흐르고 있다. 우리가 이 원리를 깨달으면 세상 모든 일이 쉬워진다. 당당하게 머리를 높이 들자. 우리 모두는 누에고치처럼 자기 안에서 신神이 되기를 기다리는 신적 존재들이다.

The Outsider

우리는 어떻게 이방인을 맞이할까

아 웃 사 이 더

내가 어릴 때 농장에서 일한 적이 있다.

새로운 소를 데리고 와 다른 소떼들이 있는 목초지에 풀어
놓았을 때 중요한 사실을 알게 되었다. 원래 있던 소들이 새로운 소
를 지옥에 떨어진 것 마냥 못 살게 굴곤 한다는 것이다. 기존의 소들

은 새로운 소가 소금과 물이 있는 곳에 접근하지 못하도록 쫓아냈다. 뿔이 긴 소들은 몇 주 동안이나 긴 뿔로 새로운 소를 격렬하게 찔러내곤 했다.

말 역시 마찬가지였다. 내가 기억하기로 목초지 여기저기로 끌고 다니며 풀을 먹였던 작은 검은색 암말이 있었다. 다른 말들이 이 검은 암말의 못된 장난을 해결하기 위해 옹기종기 모여 있을 때 이 말은 무리 사이로 뛰어 들어가곤 했다. 다른 말들의 갈비뼈가 울릴 정도로 요란하게 말굽소리를 내며 말이다.

인간 역시 소나 말, 그리고 돼지만큼이나 동물적이다. 인간들 역시 이들 동물들과 유사한 성향을 드러내기 때문이다. 한 단체에 새로운 사람이 들어오면 기존에 있던 사람들은 늘 약간의 분노 섞인 공포감을 느끼곤 한다. 특히 그 사람이 어느 정도 힘을 가진 사람이라면 더 그렇다. 학교나 대학에서조차 새로 들어온 교사나 교수들은 암묵적으로 형성된 벽을 스스로 싸워 극복하면서 자신의 자리를 잡아 나가야 한다. 벌목장에서 신출내기들은 앞서 말한 검은색 암말처럼 선수를 치는 데 능숙하다. 이들은 맨 처음 자신을 경계하며 냉대하는 사람을 주먹으로 툭 치며 짤막한 공격을 날린다.

하지만 은행이나 백화점, 혹은 철도 사무실 같은 곳에서 주먹다짐을 할 수는 없는 일이다. 그러니 차선책은 그저 꾹 참고 업무에 집중해서 익숙지 않은 자리를 이겨내는 것이다. 조직에 새로 온 사람이 다른 모든 사람들을 위압할 수 있는 절대적인 힘이 있지 않는 이상, 그의 힘이 크면 클수록 입지는 더 불편해질 것이다. 시간이 지나 새로운 비판 대상이나 경쟁자, 적개심을 일으키는 존재가 생겨 그에 대해 잊히기 전까지 그 상황은 지속될 테니까 말이다.

진보의 법칙은 새로운 피를 수혈하는 것이다

　　중요한 자리에 새로운 인물을 고용하는 대신, 기존의 직원들 중 괜찮은 사람을 승진시켜 그 자리에 앉히고자 하는 생각은 어떨까. 서류상으로는 꽤 그럴 듯해 보이지만, 이를 문자 그대로 실행한다면 매우 치명적인 결과를 불러 올 수 있다.

　　사업에 진보가 없다면 이는 자멸의 씨를 뿌리는 행위나 마찬가지이다. 인생이란 앞으로 나아가는 움직임이다. 또 자연의 모든 존재는 더 나은 것으로 진화하지 않는다면 결국은 구성 분자로 되돌아갈 준비를 한다. 대규모 사업에서 진보의 일반적 법칙은 새로운 피를 수혈하는 것이다. 사업을 하는 사람들은 업계와 보조를 맞추어야 한다. 그러지 못하고 뒤떨어진다면 병든 소를 기다리며 평원을 어슬

렁대는 늑대들의 먹잇감처럼 되기 십상이다. 취약한 사업자를 물고 늘어지는 범법자들의 희생자로 전락하고 말 테니까 말이다.

업계와 열을 나란히 하기 위해서는 새로운 방법과 영감을 도입해야 한다. 더불어 다른 이들이 발명하거나 발견한 것 중 최선의 것을 선택해야 한다.

미국의 거대 철도회사들은 함께 진화해왔다. 이들 철도회사들은 기기나 방법 면에서 나머지 회사들에 크게 앞서거나 뒤처지지 않는다. 만일 인력이나 아이디어의 상호교환이 없었다면 어땠을까. 일부 철도회사는 예전에 흔히 쓰던 고리와 핀 연결기 및 스네이크헤드(snake-heads : 미국 철도회사에서 사용하던 한쪽 끝이 느슨하게 구부러진 띠 형식의 레일-옮긴이 주) 방식의 레일을 아직까지도 사용할 것이다.

사업을 좀 아는 철도회사 관리자는 늘 직원들을 눈여겨본다. 그중에서 한눈팔지 않고 업무에 집중하는 사람들을 승진시킨다. 하지만 그는 때로는 외부에서 뛰어난 사람을 고용하여 최고 자리에 승진시키기도 한다. 그 순간 온갖 반발이 쏟아진다.

꼭 철도회사만 그러라는 법은 없다. 어느 회사에서건 유능한 관리자들은 비슷한 방식으로 인재를 선택한다. 어떤 자리가 비었을 때, 관리자는 내부 직원 중 적당한 사람이 없다고 생각하면 외부인을 고용한다.

이런 방식은 결국 모두에게 올바르며 좋은 방식이다. 외부에서 새로운 인력을 고용하는 바로 그날부터 새로운 활력이 생긴다. 그 후 연이어 좋은 성과를 거두는 회사들이 많이 있으니까 말이다.

인종이나 국적, 그리고 종교 등이 서로 다른 사람들이 결혼한 집단은 수확의 질이 높아진다. 사업도 마찬가지이다. 몇 년 전, 미국에서 가장 큰 두 개의 출판 회사는, 장기간 동안 연금을 지급받는 것만 목적인 사촌들과 삼촌들 및 숙모를 비롯한 가족들을 승진시키던 기존 정책을 50년째 고집한 결과, 각자 5백만 달러의 수익을 올리는 데 실패했다. 즉, 이러한 방식은 부패의 지름길이다.

이방인을 지렛대로 활용하기

당신이 사업가라면, 그리고 사람을 고용할 책임을 가진 직책에 있다면 어떻게 하겠는가. 오랜 조력자들을 주의 깊게 살핀 후에 승진을 시켜야 한다. 하지만 그 자리를 채울 만큼 충분히 뛰어난 사람이 없다면, 단지 회사의 평화를 위해 자리에 맞지 않는 사람을 굳이 앉히지는 말자.

밖으로 나가서 직책에 맞는 사람을 찾아서 고용하라. 그 자리에 딱 맞는 적임자라면 급여 액수는 중요치 않다. 봉급은 늘 수익 능력과 관련되기 때문이다. 이것이 회사라는 배에 사람을 제대로 쓰는 유일한 방법이다.

공공서비스 법칙에 위배된다고? 법칙은 깨어지기 위해 만들어지는 것이다. 그러면 새로운 고용인들의 삶을 지옥으로 만들기 위해 안간힘을 쓰는 뿔이 긴 소들은 어떻게 다룰 것인가. 일단은 그들을 참고 기다려 주자. 합리적인 수준의 투덜거림은 모두의 특권이다. 특히 그 사람이 오랫동안 그 회사와 함께 했으며, 많은 혜택을 받은 사람이라면 말이다.

상황이 최악으로 치닫는다 할지라도 당신이 회사의 대표라는 사실을 항상 잊어서는 안 된다. 실패에는 비난이 뒤따르기 마련이다.

당신이 새로운 사람을 지지했을 때, 기존의 직원들이 끈질기게 이의를 제기한다면 어떤 조치를 취해야 할까. 회사의 조화가 깨지고 불화를 일으킬 위험이 생긴다면 당신은 당장 그들에게 위기를 알리는 행동을 실천에 옮겨야 한다. 시대에 매우 뒤떨어진 직원들에게는 엄중한 경고장을 날릴 필요가 있다.

사업에서 가장 중요한 것은 영향력이다. 한 직책에 수 년 동안 머물러 있는 사람이 있다면 변화가 필요하다는 반증일 수 있다. 자연 법칙에 따라 자유롭게 바람을 통하게 하자.

즉, 여기서 주장하는 바는 다음과 같다.

기존 직원 중 승진시킬 가치가 있는 사람을 승진시켜라. 하지만 경쟁력이 있는 외부인을 고용하는 일을 두려워하지는 마라. 외부인을 고용하는 일은 투덜거리는 내부 직원을 포함한 모든 사람에게 도움이 될 수 있다. 만일 당신이 사업에 실패하여 회사가 쓰러진다면 더 큰일이 일어날 지도 모른다. 투덜거리던 내부 직원들마저 새로운 직업을 찾아 전장으로 나서야 할 테니 말이다. 그렇지 않은가?

8

우리는 어떻게 위대해질 수 있을까
따르지 않으려거든 떠나라

Get Out or

에이브러햄 링컨이 후커 장군에게 보낸 편지를 살펴보자. 만일 링컨이 남긴 모든 편지와 메시지, 연설이 전부 소실된다 하더라도, 링컨이 후커에게 보낸 편지만 남아 있다면 이 한 통의 편지만으로도 우리는 링컨의 진면목을 충분히 알 수 있을 것이다.

이 편지로 우리는 링컨이 자신뿐만 아니라 다른 사람의 정신까지 다스릴 수 있었다는 사실을 알 수 있다. 이 편지는 현명한 외교

Get in Line

술, 솔직함과 온화함, 유머와 재치 그리고 무한한 인내심을 보여준다. 당시 후커는 자신의 총사령관이었던 링컨을 매우 가혹하고 부당하게 비판하고 있었다.

하지만 링컨은 이 모든 것을 눈감아 주고, 후커가 가진 장점

을 높이 평가하여 그를 번사이드 장군의 후임으로 승진시켰다. 다시 말해, 모욕을 받은 사람이 자신을 모욕한 사람을 승진시킴으로써 따뜻한 인간애를 발휘한 것이다.

하지만 비록 바람직한 목적을 위해 개인적 고려사항들을 모두 덮어두었다 할지라도, 승진한 사람에게 진실을 알릴 필요는 있었다. 그래서 링컨은 그가 과도한 흥분이나 굴욕감과 분노를 느끼지 않도록, 넌지시 진실을 알렸다.

그 편지의 전문은 이러하다.

후커 장군님께.

저는 장군을 포토맥 군의 지휘관으로 임명하였습니다. 물론 이런 결정을 내린 데는 충분한 이유가 있습니다. 하지만 저는 장군께 아직 만족스럽지 못한 점이 있다는 사실을 알리고자 합니다.

물론 저는 장군이 매우 용감하고 능력이 있는 군인이라고 믿습니다. 저는 그 점을 좋아합니다. 저는 또한 장군이 정치적으로 어떤 야심도 갖고 있지 않다는 것도 알고 있습니다. 이것은 군인으로서 매우 적절하고 옳은 일입니다.

　　　장군은 꼭 필요한 가치 있는 자질인 자신감이 있습니다. 장군에겐 또한 유익한 야심도 있습니다. 합리적인 범위 내에서의 야심은 해가 되기보다는 득이 됩니다. 하지만 번사이드 장군이 군을 지휘하는 동안, 장군은 당신의 야심에 따라 행동함으로써 번사이드 장군을 좌절시켰습니다. 이는 국가에 대한 엄청난 과오이자, 가장 훌륭하고 영예로운 동료에 대한 잘못입니다.

　　　저는 장군이 최근에 군대와 정부는 독재자가 필요하다는 말을 했다고 들었습니다. 물론 그 말이 임명에 도움이 될 만한 말은 아니었지만, 그럼에도 불구하고 저는 당신에게 지휘권을 주었습니다. 성공을 거머쥐는 장군들만이 독재자가 될 수 있습니다. 지금 제가 장군에게 바라는 것은 장군이 성공적으로 군대를 이끄는 일입니다. 그렇게만 된다면 저는 독재의 위험을 감수할 것입니다.

　　　정부는 모든 지휘관들에게 지금까지 그래왔듯이, 힘이 닿는 한 최대로 당신을 지지할 것입니다. 하지만 제가 우려하는 부분이 있습니다. 장군은 과거에 지휘관을 비판함으로써 지휘관의 자신감을 뺏는 분위기를 조성해왔는데, 장군이 조성한 분위기가 이제 장군께 역으로 돌아오는 것이 아닐지 두렵습니다.

저는 힘이 닿는 한 장군을 도와 그런 분위기가 사라지도록 할 것입니다. 장군뿐만 아니라 나폴레옹이 살아 돌아온다 하더라도, 지휘관을 비판하는 분위기에서는 군대가 좋은 결과를 이루어 낼 수 없을 것입니다. 그러니 이제 성급함을 삼가고, 경계를 늦추지 말고 진군하시길 바랍니다. 그리하여 우리에게 승리를 안겨 주십시오.

1863년 1월 26일
워싱턴 대통령 관저에서
링컨으로부터

이 편지에서 되새겨야 할 내용은, 독이 있는 토양에서 독초가 자란다는 점이다. 누군가에 대해 투덜거리거나 비꼬아 말하며, 불평하고 비판하는 습관에 대해 생각해 보자. 지위가 높은 사람은 분명 비판이나 비난 또는 오해를 받기 쉽다.

이는 중요한 사람이라면 치러야 할 대가이며, 위대한 사람들은 모두 그 사실을 이해하고 있다. 이들은 또한 비판을 받는 것만으로는 위대함의 증거가 될 수 없다는 것도 잘 알고 있다.

위대함의 최종 증거는 다른 사람들의 비난에 분노하지 않고 모욕을 참아 내는 행위에 있다. 링컨은 모든 사람들에게는 존재의 이유가 있다는 것을 알았기에, 자신에 대한 비판에 분노하지 않았다. 하지만 그는 "당신뿐만 아니라 나폴레옹이 살아 돌아온다 하더라도 지휘관을 비판하는 분위기에서는 군대가 결코 좋은 결과를 이루어 낼 수 없을 것입니다"라고 말하며 후커가 뿌린 불화는 다시 그에게 되돌아와 그를 괴롭힐 것이라는 사실을 환기시켰다. 후커의 실수는 결국 후커에게 되돌아온 것이다.

후커에게 비난 받은 사람들은 고통을 느꼈지만, 가장 괴로운 사람은 결국 후커 그 자신이었다.

자 기 자 신 을 내 놓 음 으 로 써
더 좋 은 것 을 얻 을 수 있 다

얼마 전, 나는 방학을 맞아 고향에 온 한 예일대학교 학생을 만났다. 나는 그가 진정한 예일대 정신을 대변하지 못한다는 확신을 얻었다. 왜냐하면 그 학생이 예일대학교에 대해 비판과 냉소로 가득 차 있었기 때문이다. 그의 비난 대상 중에는 해들리 학장도 포함되어 있었다. 그는 학장에 대한 이야깃거리와 실제 있었던 일, 각종 자료에 대해 시간과 장소까지 낱낱이 말하며 그에 대한 혹평을 늘어놓았다.

얼마 지나지 않아 나는 예일대학교가 아니라, 그 젊은이에게 문제가 있다는 걸 알게 되었다. 그는 조직과 조화를 이루지 못해 결국 학교로부터 아무런 도움과 혜택을 이끌어 내지 못했던 것이다. 더불어 정신적 무시와 모욕 속에서 살고 있었다. 물론 예일대학교가 완벽한 조직이나 기관이라고 말하고자 하는 것은 아니다. 해들리 학장과 대부분의 예일대학교 학생들은 기꺼이 그 사실을 인정할 것이다.

하지만 예일대학교는 젊은이들에게 특정한 이점을 제공해 준다. 그 이점을 어떻게 활용하느냐 하는 것은 학생들에게 달려 있다. 만일 당신이 어떤 대학의 학생이라면, 그곳에서 얻을 수 있는 좋은 것들을 최대한 얻어 내라. 당신은 자기 자신을 내놓음으로써 오히려 더 좋은 것을 얻을 수 있다.

주는 것이 곧 받는 것이다. 그러니 자신이 속한 조직을 지지하고, 조직에 충실하며, 자랑스러워하라. 교수들을 지지하라. 그들은 자신이 할 수 있는 최선의 일을 하고 있으니 말이다.

만일 그곳에 뭔가 문제가 있다면, 매일 즐겁게 최선을 다해 자신이 해야 할 일을 하며 모범을 보여라. 그렇게 해서 자신이 속한 조직을 더 나은 곳으로 만들면 된다. 투덜거리지만 말고 자신의 일에 전념하자.

만일 당신이 일하는 곳의 회사가 엉망진창인데다 책임자가 아주 괴팍한 사람이라면 어떻게 해야 할까. 개인적으로 그를 찾아가 차분하고 공손하게 그의 정책이 부조리하며 터무니없다고 말하는 것은 좋은 방법일 수도 있다.

그런 후에 책임자에게 기존의 방식을 어떻게 바꾸면 좋을지 설명하고, 책임을 떠맡아 회사의 비밀스러운 잘못을 씻어 내겠다고 제안할 수도 있다. 그렇게 하라. 하지만 어떤 이유로든 그게 싫다면 선택은 둘 중 하나이다. 그곳을 떠나든지, 혹은 그냥 따르든지.

지금 당장 둘 중 하나를 선택하라. 누군가를 위해 일한다면 성심 성의껏 하고, 그렇게 하지 않을 것이라면 떠나라.

충 성 심 은 영 리 함 보 다 더 큰 가 치 가 있 다

당신이 누군가가 주는 월급으로 먹고 산다면, 그 사람을 위해 일하라. 그에 대해 좋은 말을 하고, 긍정적으로 생각하고, 그를 지지하는 동시에 그가 대표하는 단체를 지지하라.

내가 누군가를 위해 일한다면, 나는 늘 그 사람을 위해 일할 것이다. 특정 시간에만 그를 위해 일하고, 나머지 시간에는 그 사람에게 반대하여 일하지는 않을 것이다. 내가 어떤 사람을 위해 일한다면 그에게 전념해서 일하거나, 그게 아니라면 아예 그만둘 것이다. 충성심은 영리함보다 더 큰 가치가 있다.

만일 당신이 속한 조직을 비난하고, 규탄하고 끝없이 헐뜯어야 한다면, 그 일을 그만두고 그 조직에서 나간 다음에 마음껏 혹평하면 된다. 하지만 제발 부탁인데, 조직의 일원으로 있는 한, 그 조직을 비난하지 마라. 당신이 속한 조직을 폄하할 때, 당신은 그 조직을 상처 입히는 것이 아니라 바로 당신 자신을 헐뜯는 셈이니까 말이다.

게다가 당신과 조직과의 결속력이 줄어들면, 당신은 가장 처음 휘몰아치는 폭풍우에 이유도 모른 채 휩쓸려 날아가게 될 것이다. 그리하여 당신은 "경기가 침체된 탓에 유감스럽지만 일자리가 충분치 않습니다" 등으로 시작하는 편지를 받게 될 것이다.

우리는 이런 실직자들을 어디서든 만날 수 있다. 이들과 대화를 나누어 보면, 이들이 격분과 냉소, 경멸과 비난으로 가득 차 있다는 것을 알 수 있다. 모든 일에 흠집만 찾는 이들의 정신태도가 문제이다. 이들은 일하랴, 불평하랴 갈피를 잡지 못하다가 조직의 흐름을 막히게 하여 결국 폭파시켜야 할 상황을 만든다.

이들은 조직과 조화를 이루지 못하며, 더 이상 조직에 도움이 되지 못하다 결국 자리를 잃고 만다. 고용주들은 모두 자신에게 도움이 되는 사람을 끊임없이 찾아 헤맨다. 자연스레 그들은 도움이 되지 않는 직원들을 경계하기 마련이다. 방해가 되는 사람이나 물건은 결국 정리되어야 한다. 이것이 거래의 법칙이다. 이는 지극히 자연스러운 것이니 여기에 토를 달지 말자. 보상은 오직 도움이 되는 사람에게만 주어진다. 도움을 주기 위해서는 공감과 지지가 필요하다.

자신에게 집중하는 것만으로도
위대함에 가까워질 수 있다

경영자가 아주 괴팍하며 그의 운영 체계가 형편없이 잘못되었다는 마음가짐과 생각, 그리고 태도를 갖고, 이에 대해 그에게 은

근슬쩍 말한다면 결코 회사를 도울 수 없다. 그렇다고 해서 불만을 선동하고 악의를 격앙시켜 불화를 조장함으로써 고용주를 위협할 필요는 없다.

대신 그 조직에서 조용히, 그리고 재빨리 쏙 빠져 나오라. 당신이 다른 고용인들에게 회사의 대표가 괴팍하다고 말한다면, 당신 역시 괴팍한 사람이라는 것을 드러내는 것이다. 또 당신이 조직의 방식이 "썩어 빠졌다"라고 말하고 다닐 때, 당신의 방식 역시 그러하다는 사실도 증명하는 셈이다.

흠을 잡고, 비난하고 불평하는 나쁜 습관은 쓰면 쓸수록 더 날카로워진다. 처음에는 비교적 온건한 불평주의자였던 사람들도 결국 만성적인 독설가가 된다. 이처럼 독설은 심각한 위험을 만들어 낸다. 또한 점점 더 날카롭게 날이 선 칼은 결국 자신의 목을 위협하는 도구가 될 것이다.

후커에게는 결함이 많았다. 그런데도 링컨은 그를 승진시켰다. 하지만 당신의 고용주는 링컨처럼 넓은 아량이 없을 가능성이 농후하다. 설사 링컨이라 할지라도 후커를 영원히 보호할 수는 없었다. 후커는 전투에서 패했고, 결국 링컨은 다른 사람을 기용해야 했다. 그리하여 후커와는 달리, 다른 누구도, 심지어는 적조차도 비판하지 않았던 한 조용한 남자(조지 미드를 말함-옮긴이 주)가 후임이 되었다.

자신의 마음을 다스릴 줄 알았던 이 조용한 남자는 후커가 차지하지 못했던 도시들을 차례차례 탈환했다. 그는 불평 없이 오로지 자신의 일에 집중했다. 그리고 절대적인 충성심과 완벽한 자신감, 변함이 없는 신의와 지칠 줄 모르는 헌신을 지닌 사람이 아니라면 그 누구도 할 수 없는 일을 해냈다. 그러니 우리도 자신의 일에 집중하고, 다른 사람들도 자신들의 일에 집중할 수 있도록 내버려 두자. 자기의 일에 충실한 것이 결국 모두를 위한 일이다.

The Week-Day,
Keep it Holy

우리는 어떻게 고귀함을 지킬 수 있을까

날 마 다 신 성 하 게 보 내 라

9

　일주일 중 단 하루를 '신성한holy' 날이라고 정해 놓은 것은 가장 부조리하고 야만적인 일이라고 생각하지 않는가?

　만일 당신이 작가라면 멋진 생각이 떠올랐을 때, 그날이 일요일이라 하더라도 개의치 않고 글을 쓸 것이다.

　만일 당신이 화가라면 눈앞에 생생하고 뚜렷한 이미지가 떠오를 때, 그것이 퇴색되기 전에 지체 없이 이를 스케치할 것이다.

　또한 당신이 음악가라면 기억 속에 아로새겨진 음을 노래하고, 피아노로 연주하며 환희를 느낄 것이다.

　하지만 당신이 가구 제작자라면 '주일'에 도안은 그릴지언정,

실제 가구를 만들지는 않을 것이다.

또, 당신이 대장장이라면 경찰이나 양심이 두려워서 감히 망치를 들지는 못할 것이다.

이 모든 것은 우리가 육체노동을 일종의 필요악이라고 생각하며, 육체노동은 특정 시간과 장소 안에서만 행해져야 한다고 믿기 때문이다.

일요일에 모든 육체노동을 금지하는 이유는 '신이 엿새 동안 하늘과 땅을 만들고 일곱 번째 날에는 휴식을 취했기' 때문에, 신을 본떠 창조된 인간 역시 일곱 번째 날을 신성시해야 한다는 것이다.

하지만 어떻게 '몸도, 신체 부위도, 열정'도 없는 최고이며 전지전능한 존재가 육체적 노력 때문에 고단함을 느낄 수 있는지는 아직 밝혀지지 않았다.

일요일에 신을 모시고, 주중에는 신을 잊는다는 개념은 세일즈 목사와 그의 보좌인 버펌 부제가 조장한 오류이다. 이들은 면죄부를 사려는 사람들을 위해 파나마 운하를 건너기도 한 인물들이다. 물론 파나마에는 신과 신의 대행인들을 위한 사례금이 기다리고 있었다. 이는 저명한 작가가 돈을 받고 연회에서 연설하지는 않지만, 알 수 없는 수수께끼 같은 방식으로 벽난로 선반 위에 놓인 사례금을 받아 챙기는 것과 같은 이치이다.

일 요 일 과
화 요 일 은
특 별 한   차 이 가
있 는   걸 까

일요일은 일상의 노예들이 주중에 하던 노동에서 벗어날 수 있게 하기 위한 장치이다. 이 노예들을 기쁘게 하기 위해 일요일에 일하지 않는 것은 덕으로 인정되어야만 한다고 선언하는 것은 톰 소여 방식의 술책과도 같다. 즉, 게으른 자의 본성에 따라 아무것도 하지 않으면 신비롭고 축복으로 충만한 혜택이 가득 쌓인다는 식인데, 이는 게으른 사람이라면 두 팔 벌려 환영할 법한 주장이다.

일요일에 일하지 않는 노예들은 자신들의 아랫사람에게도 덕을 베풀어 그들에게 일을 하지 말아야 한다고 지시한다. 이러한 이론적 바탕에서 일요일에 일하거나 노는 사람들을 처벌하는 법이 통과된다.

신은 정말 일주일 중 하루는 일을 쉴까? 아니면 신이 일요일에 하는 일은 화요일에 하는 일과 특별한 차이가 있는 걸까?

반만 쉬는 토요일은 '신성'하지 않기 때문에 토요일에 일하는 것은 상관없다는 말인가. 우리는 일요일에 일하는 사람들을 처벌하는 법이 있어서 누구도 안식일을 어길 수 없다. 하지만 안식일을 지키기 위해 우리 자신의 본성은 거슬러야 한다. 게다가 일하고 노는 대신 게으름을 피우라고 강요받는다. 물은 오직 흘러갈 때만 깨끗하고 순수하다. 하지만 어떤 식으로든 정체된 자연은 위험하며 질병의 소굴이 된다.

정신적·신체적 건강을 위해서는 노동의 변화가 필요하다. 대부분의 사람들은 한 가지 종류의 일만 죽어라 한다. 노동의 양이 너무 많기 때문에, 그들은 지긋지긋한 한 가지 일에 매여 월요일부터 토요일까지 그 일만 한다. 그들은 그 일을 하지 않으면 배를 곯기 때문에 그만둘 수도 없다. 인간을 사고파는 것만 노예제도가 아니다. 일에 매이는 것도 노예제도나 마찬가지다.

모든 남녀가 신성한 선물, 즉 어떤 특권처럼 일을 할 수 있는 시대가 오지는 않을까? 그리고 만일 모든 사람들이 일을 한다면 불필요한 소비는 사라질 것이다. 하지만 현실에서는 일을 전혀 하지 않는 사람들이 너무 많고, 이들은 일하지 않는 것을 자랑스러워하며 주일법을 지지한다. 만일 이런 게으름뱅이들이 모두 일을 한다면, 과도한 노동으로 혹사당하는 사람들도 없을 것이다.

일을 신성한 선물이자 특권이라고 여기는 그런 날이 마침내 온다면 어떨까. 그날이 온다면, 특정한 날에 일하는 것은 사악한 일이라고 규정짓는 일은, 수요일에 행복해 하는 것은 불법이라는 법을 통과시키는 것만큼이나 부조리한 것이라고 생각하게 될 것이다.

세 속 적 인
노 동 과
신 성 한 일 은
동 급 이 다

유용하고 멋진 것들을 만들어 내기 위한 노동은 좋지 않은가. 그리고 좋은 노동을 하는 것은 사랑하는 마음을 가꾸고, 혜택과 축복을 주는 기도를 하는 것과 같다. 효능을 얻기 위해 올바른 노력이 뒷받침된 바람을 기도라 부르지 않는다면, 도대체 기도가 무엇이란 말인가.

일은 우리 자신과 다른 사람들을 위한 봉사이다. 만일 내가 당신을 사랑한다면, 나는 흔쾌히 당신을 위해 일을 해서 내 사랑을 드러낼 것이다. 그리고 이런 방식으로 내 마음을 표현하는 일은 스스로에게 기쁨이자 만족을 준다.

뿐만 아니라, 일은 일하는 사람 자신에게 도움이 되며 노동은 노동 그 자체로 보상이 된다. 만일 일요일에 일하는 것이 잘못된 것이라면, 일요일에 사랑하는 것 역시 잘못된 것이다. 또한 웃음은 죄요, 관심은 저주이며 다정함은 범죄가 될 터이다.

세속적인 노동과 신성한 일을 구분 짓지 않을 때 우리는 비로소 정신적 성장을 이룰 것이다. 목사가 설교하고 기도하는 것만큼이나, 사랑하는 가족들을 먹여 살릴 옥수수를 캐는 일은 필요하다. 세상에 옥수수를 캐는 사람이 아무도 없다면 목사는 설교와 기도조차 할 수 없을 것이다. 만일 신이 우리에게 생명을 주었다면 생활에 도움이 되는 노동은 모두 다 신성하다. 노동은 종교의 가장 고귀한 형태이다.

만일 신이 우리를 만들었다면, 신은 자신의 피조물의 성공에 기뻐할 것이다. 만일 우리가 너무나 비참한 나머지 차라리 칼자루 하나로 삶에서 해방되고 싶어 할 정도라면 어떨까. 우리는 우리 자신을 만든 조물주를 칭송할 수 없을 테고, 신의 작품을 실패라고 선언할 것이다.

　하지만 우리의 삶이 기쁨으로 가득하다면 우리는 신과 일체감을 느끼고, 신이 우리를 창조하심에 감사하고 진심으로 신에게 봉사할 것이다.
　인간이 노동을 사악한 것으로 규정하는 법을 만들었다는 것은 참으로 이상하지 않은가?

10

우리는 어떻게 친구를 지킬 수 있을까

배 타 적 우 정

Exclusive Friendships

아주 뛰어나고 신사적인 내 지인 중 한 명은 "51퍼센트의 유권자가 경쟁의 반대는 협력이라고 믿을 때, '공공선公共善'이라는 이상은 이론이 아닌 현실이 될 것이다"라고 말했다.

과반수의 유권자들이 공공선을 위해 협력한다면 이는 매우 멋진 일이다. 나는 언젠가는 그런 세상이 오리라 믿는다. 하지만 51퍼센트의 유권자들이 그저 사회주의에 표를 던지는 행위만으로는 그런 세상은 절대 오지 않는다.

투표는 단지 감정을 표현하는 행위일 뿐이다. 투표용지가 개표되었다고 해서 일이 다 끝난 것은 아니다. 하지만 사람들은 투표는 제대로 해놓고서, 나머지 시간은 바보처럼 보내곤 한다.

냉소와 투쟁, 파벌과 질투로 가득 찬 사회주의자는 많은 이들로부터 거센 반대를 얻고 있다. 이러한 반대는 정당하다. 왜냐하면 극도로 불안정한 사회일지라도 더 나쁜 상황과 해체를 막기 위해 스스로를 보호하려 하기 때문이다. 경쟁에 대한 생각으로 가득 차 있다면, 공공선을 위해 독점회사를 인수하고 경영하는 것은 절대 바람직하지 않다.

마음속에 자기 자신이 가장 우위에 있는 한, 사람들은 다른 사람들을 두려워하고 싫어한다. 그리고 사회주의 안에서도 현재 우리 정치판에서와 마찬가지로, 평화와 권력을 얻기 위해 쟁탈전이 벌어진다.

개개의 구성원이 바뀌지 않는 한, 사회는 결코 바뀌지 않는다. 인간은 다시 태어나야 한다. 51퍼센트의 투표자가 자신의 정신을 다스리고, 자신들이 가진 시기와 질투, 냉소와 증오, 두려움과 어리석은 자존심을 마음속에서 걷어낸다면 기독교 사회주의는 그리 멀리 있지 않을 것이다.

> 이 주제는 한 문단으로 처리하기에는 너무 커다란 주제이다. 그래서 내가 지금까지 출판을 통해 언급한 적이 없던 내용을 한 가지만 말하고 넘어갈까 한다. 바로 남성과 남성, 여성과 여성 사이에 독점적이고 배타적인 우정이 주는 사회의 위험성 말이다.

우 정 은 신 용 과 도 같 아 서
쓰 지 않 을 때 가 장 가 치 가 있 다

　　동성同姓인 두 사람은 서로를 보완할 수 없으며, 서로 장시간에 걸친 행복이나 이득을 얻을 수 없다. 이들은 대개 정신적· 영적 상태를 일그러뜨린다. 우리는 지인이 아주 많거나 혹은 아예 없어야 한다. 남자 둘이서 미주알고주알 서로 모든 것을 털어 놓는 사이가 되기 시작하면, 이들은 망령이 들 징조를 보이고 있는 셈이다. 남자 사이에서는 어느 정도 확실한 신중함이 있어야 한다.

　　우리는 물질 속의 분자는 절대 만질 수 없다고 배웠다. 이들은 결코 자신의 고유성을 포기하지 않는다. 우리는 모두 신성한 분자들이며, 우리의 개성은 포기될 수 없다. 그러니 자기 자신으로 살아라. 스스로 완전한 사람이 되어라. 친구와 약간의 거리를 둘 때, 친구는 당신을 더 생각할 것이다. 우정은 신용과도 같아서 쓰지 않을 때 가장 가치가 있다.

　　천 명의 사람들 개개인에게 변치 않는 커다란 애정으로, 각각의 이름을 불러 줄 수 있을 만큼 강한 사람이 있을 수도 있다. 하지만 그가 이들 중 어느 한 사람을 다른 사람보다 더 높이 평가한다면, 그러고도 그가 정신적 균형을 유지할 수 있을까? 그럴 수는 없다고 생각한다.

누군가를 너무 가까이 두면 그는 물에 빠진 사람처럼 당신에게 매달리려고 할 테고, 결국 둘 다 물에 빠지게 될 것이다. 지나치게 가깝고 독점적인 우정 속에서는 서로가 상대의 약점을 취하게 된다.

회사 등에서 사람들은 끊임없이 친구들을 사귀게 된다. 이들은 숨김없이 서로의 문제를 이야기해서 서로의 문제와 얽히며, 서로 동정하고 공감하며 위로한다.

이런 식으로 이들은 서로 연결되고 서로에게 의지한다. 이들은 독점적인 우정을 쌓게 되고, 다른 사람들도 이 사실을 인지하게 된다. 그러면 질투가 스며들고, 의심이 눈을 뜨며, 증오가 다가온다. 두 사람은 특정한 것과 특정한 사람들에 대해 공통된 반감이 생긴다. 이들은 다른 사람들 때문에 문제가 생겼다고 인식해서 서로를 부추긴다. 결국 그들의 공감은 정신적 판단을 흐리게 한다.

얼마 지나지 않아, 다른 이들이 관여되고, 패거리가 생기기 시작한다. 우정이 싹을 틔워 패거리가 된 것이다. 패거리는 파벌로 발전하고 파벌은 반목과 불화를 만들어 낸다. 이윽고 이들은 눈멀고 어리석음에 미쳐 날뛰는 방향 잃은 폭도가 된다. 폭도 속에 개인은 없다. 이들은 모두 하나의 마음으로 똘똘 뭉쳐 있어 독립적 생각이 끼어들 틈이 없다.

불화는 착각이나 오해 같은 사소한 것에서 생겨난다. 그리고 이러한 별것 아닌 착각이나 오해의 불씨는 어리석은 친구의 부채질로 더욱 격렬하게 타올라 어리석은 생각으로 발전한다. 그리고 이것이 폭도가 된다.

패거리는 늘 불평하고 다른 사람들을 헐뜯고 경계하는 동성인 두 사람의 배타적인 우정에서 시작된다. 그리고 이들 패거리가 조직을 와해시키는 세균이라는 사실은 공동체 생활을 해 본 사람이라면 모두 알고 있을 것이다. 그러니 독점적 우정을 조심하라! 모든 사람을 존중하고, 사람들에게서 좋은 면을 찾으려고 노력하자.

자기 자신으로 살고, 친구 역시 그 자신으로 살게 하라

사교적이고, 재치 있으며, 현명하고 멋진 사람하고만 어울리는 것은 실수이다. 평범하고 어리석고 교육받지 못한 사람들에게로 가서 당신의 재치와 지혜를 발휘하라. 당신은 공평하게 베푸는 행위를 통해 성장할 것이다. 또 누군가를 따르는 동시에 적당히 거리를 두면 친구를 얻을 수 있다.

친구를 받들되, 자연스럽게 하라. 그 사람과 충분한 거리를 두어라. 마치 신성한 분자molecule처럼! 자기 자신으로 살고, 친구 역시 그 자신으로 살게 하라. 상대를 이롭게 하라. 상대를 이롭게 만드는 일은 곧 자기 자신을 이롭게 만드는 일이다. 가장 좋은 우정은 서로가 없이도 지낼 수 있는 사람들 사이의 우정이다.

물론 위대한 사랑의 예로 언급되는 독점적인 우정도 있다. 하지만 그런 경우는 너무나 드물고 예외적이다. 일반적인 능력과 지능을 가진 사람들에게는 자신의 동료를 내치는 일은 매우 어리석다는 점을 강조하는 사례로만 인용될 뿐이다.

아마도 역사에 남을 일부 위대한 사람들은 다윗과 요나단(다윗이 골리앗을 쓰러뜨렸을 때 요나단은 그의 무용과 신앙에 감동되어 그를 영원한 벗으로 받아들이고 생사를 같이할 것을 맹세했다. 다윗은 요나단의 우정으로 몇 차례 위기에서 구원받고 그 보답으로 다윗은 요나단이 길보아산에서 전사한 후 그의 절뚝발이 아들 므비보셋에게 극진한 호의를 베풀었다-옮긴이 주)처럼 우정을 나누면서도 모두를 위한 선의를 베풀 수 있겠지만, 대부분의 사람들은 갈등과 쓰라림만 얻게 될 것이다.

51퍼센트의 성인들이 모두 배타적 우정을 포기하기 전까지는, 공동선을 추구하는 사회주의의 이 아름다운 꿈은 결코 이루어지지 않을 것이다. 그날이 오기 전까지는 패거리와 분파, 파벌과 반목이 생기고, 때로는 폭도들이 나타날 것이다.

　　다른 누구에게도 의지하지 말고, 다른 사람이 당신에게 의지하게 만들지도 마라. 이상적인 개개인들이 모여 이상적인 사회를 만들 수 있다. 모든 사람의 동료이자 친구가 되라.

　　현자는 독점적인 사랑은 착오라는 사실을 알고 있기에 제자들에게 적을 사랑하라고 권한다. 사랑이 독점되는 순간 사랑은 시들어 버린다. 사랑은 모두에게 베풀 때 커진다. 사랑에 한계를 정하는 일은 잘못이다.

우리의 적은 우리의 진가를 못 알아보고

우리를 오해하는 사람이다.

그러니 희뿌연 안개 속에서 벗어나 적의 잘못을 이해하고

그가 가진 훌륭한 자질을 찾아내어라.

그리고 그를 존중하는 법을 배우는 것은 어떨까.

The Folly of

Living in the

11 우리는 어떻게 진화할 수 있을까
미 래 를 위 한 삶 은 어 리 석 다

Future

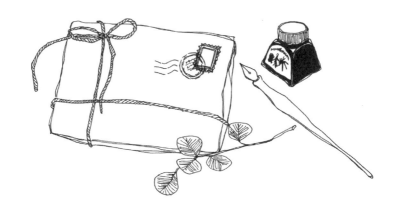

　　사람들은 흔히 "수석 졸업생과 졸업식 때 전체 학생들을 대표로 시를 낭송하던 학생은 지금쯤 무엇이 되어 있을까?"라는 질문을 하곤 한다.

　　나는 이 질문에 대한 답을 알고 있다. 그리고 그 당사자들에 대한 정보를 지금 당장 줄 수도 있다. 우리 반의 수석 졸업생은 현재 시겔 철강회사 매장에서 가장 근면하고 중요한 매장 감독이 되어 있다. 또 시 낭송 대표는 바로 나였다.

　　우리 둘은 모두 목표에만 집중해왔다. 우리는 인생의 출발점에 서서 세상 너머만을 굽어보며 앞으로 나갈 준비만 했다. 더불어 우리 자신의 즐거움만을 위해 세상을 얻으려 기를 쓰고 노력했다.

　　우리는 목표에만 집중했다.
　　하지만 그것은 차라리 감옥에 가까웠다.
　　우리가 목표에만 몰두한 것은 매우 불합리한 일이었다.

위 대 한 일 을 하 기 위 한 마 음 의 준 비 , 비 워 라 !

　　목표에만 집중하는 행위는 우리의 통찰력을 왜곡하고, 일에 대한 집중력을 앗아갔다. 우리는 현재에 대한 지배권을 잃은 것이다.

　　목표를 생각하는 것은 목표가 얼마나 지독히도 멀리 있는지 마음속으로 곱씹는 것과도 같다. 우리 마음은 제한된 지적 자본으로 그런 일을 해 나가기에는 너무나 좁다. 결국 지나치게 멀리 있는 것을 찾느라 마음이 너덜너덜해진 나머지, 절망적으로 시켈 철강회사에 발이 묶이게 된다. 물론 시켈 철강회사가 나쁘다는 것은 아니다. 하지만 여기서 핵심은 바로 철강회사가 '목표'는 아니라는 점이다.

위대한 일을 하기 위해서는
반드시 마음을 비우고
전력질주를 해야 한다.

목표가 무엇인지는 아무도 모른다.
우리는 그저 봉인된 명령서를 갖고 항해를 할 뿐이다.
그러니 최선을 다해 오늘 할 일을 하고,
하루를 온전히 살자.

이렇게 하는 사람은 신에게 받은 에너지를 잘 유지할 수 있다.
그래서 너무나 연약하고 얇아서 잔인한 운명에 휩쓸려가기 쉬운
거미줄 같은 삶을 살지는 않는다.

최선을 다해
오늘 해야 할 일을 하는 것은
더 나은 내일을 위한 확실한 준비이다.

과거는 영원히 떠나버렸고
미래는 아직 오지 않았다.

현재만이 오롯이 우리의 것이다.
매일매일
우리가 하는 일은
앞으로의 임무를 위한 준비이다.

**인생의
서른 가지
질문에 대한
해답**

그러니 현재를 살아라.

바로 오늘,

바로 지금을!

기도할 가치가 있는 것은 한 가지뿐이다.
부디 우리가 제대로 된 진화의 과정에 있기를.

12

우리는 어떻게 어디로 가는지 알 수 있을까

인 간 의　정 신

The Spirit of
Man

아마
내가
틀릴 수도
있겠지만, 나는 인간의 정신은 이 세상보다 더 나은 곳
에서 다시 한 번 살 것이라는 믿음을 버릴 수가 없다. 페눌롱(Fenelon :
1651~1715, 프랑스의 신학자, 소설가, 저술가-옮긴이 주)은 "정의의 불평등을
보상하기 위해서 정의는 또 다른 삶을 필요로 한다"고 말했다.

천문학자들은 별이 나타나기 훨씬 전에 별의 존재를 예언한
다. 이들은 별이 어디에 있어야만 하는지 알고 있다. 그리고 자신들

이 기다리는 방향에서 별을 찾을 수 있을 것이라 확신하며, 그곳을 향해 천체망원경을 조준한다.

실질적으로, 누구도 이 지구만큼 아름다운 것을 상상할 수 없다. 왜냐하면 우리는 우리가 보지 못한 것을 상상할 수는 없기 때문이다. 물론 새로운 조합을 만들어 낼 수는 있겠지만, 전체를 구성하는 각각의 부분들은 모두 우리에게 친숙한 존재일 것이다.

이 위대한 푸른 지구는 정말 너무나 아름답다. 우리는 이곳에서 탄생했으며, 우리 모두는 지구의 일부분이다. 지구는 우리 육체를 살 수 있게 해 주고, 우리는 지구에게서 받은 이 육체를 다시 지구에 되갚는다.

하지만 우리의 정신과 지적 능력이 성장한다면, 인간의 정신은 이곳 지구에 온전히 속하지 않게 된다. 우리는 "여기서부터 올라가라. 이곳은 그대가 쉴 곳이 아니다"라는 목소리를 반복해서 듣게 될 것이다.

그리고 정신이 더 위대해지고 고귀해지며 더

숭고해질수록 우리는 더 불만족스러워질 것이다. 불만에는 다양한 원인이 있기 때문에 만족스럽지 못한 사람들이 모두 마음이 순수하다고 할 수는 없다. 하지만 현명하고 훌륭한 사람들은 모두 이 세상이 권태롭다는 사실을 잘 알고 있다.

권 태 는 더 나 은 정 신 상 태 를 위 한 욕 구 이 다

세상에 대한 공부를 더 많이 하고, 이 세상을 더 많이 인식할수록 우리는 보이는 세상이 전부가 아니라는 사실을 확신한다. 대자연에 기대 누워 지구의 고동소리를 들어 보자. 설사 우리의 정신이 지구에 대한 사랑으로 충만하다 할지라도 기쁨 속에서는 고통이, 환희에는 아픔이 따를 것이다. 바다에서 보는 해넘이, 대초원의 폭풍우와 숨 막힐 듯 장엄한 산들처럼 가장 고귀한 형태의 아름다움을 바라보고 있노라면 슬픔과 외로움이 솟아난다.

인간은 다른 사람의 것을 빼앗기 때문에 우리는 자유를 박탈당한다. 그리고 문명은 세균으로 인해 생겨났다. 또한 자연조건 때문에 우리는 경쟁으로 가득 찬 혼란 속으로 끌려간다고 말하는 것만으로는 충분치 못하다.

물론 이 모든 것은 사실일지도 모른다. 하지만 이 모든 것을 넘어서서, 지친 영혼에게 평화를 줄 곳은 지구의 어떤 물리적 환경 속에서도 존재하지 않는다. 가장 적게 가진 자가 가장 행복한 법이다. 지친 왕과 헐벗은 거지의 우화는 진실의 싹을 담고 있다. 현명한 사람은 영원을 위해 속세에 묶인 끈을 느슨하게 푼다.

세상에 대한 권태는 더 나은 정신 상태를 위한 욕구이다. 세상의 고통에 대한 주제는 나중에 더 다룰 것이다. 이 주제에 대해 샅샅이 다루려면 책 한 권을 써도 모자란다. 그리고 나는 어떤 주제에 대해서든 단정을 짓는 식의 최종 발언을 하고 싶지는 않다. 독자들에게는 스스로 판단을 내리고 결론지을 특권이 있다.

하지만 세상에 대한 고통이 욕구의 한 형태라는 사실만은 확고하다. 모든 욕구는 정당하며 옳다. 그렇기에 자연은 우리에게 필요한 것을 제공하여 우리의 욕구를 만족시킨다.

욕구가 있기에 우리는 우리가 필요로 하는 것을 찾아 헤맨다. 또한 아메바가 물속에서 물결을 일으켜 먹이를 사정권 내로 끌어오듯이, 우리의 욕구는 좋은 것들을 우리 가까이로 끌어온다.

인 간 의 정 신 은 나 누 어 도
가 난 해 지 지 않 는 다

　　자연 내에 존재하는 모든 욕구는 신성한 섭리 안에서 고정되고 명확한 목적을 갖고 있으며, 모든 욕구는 만족되어야 할 정당성이 있다. 만일 우리가 어떤 사람과 친밀한 우정을 쌓고 싶다면 그 욕구 뒤에는 어떤 심리적 배경이 있을까. 누군가와 친해지고 싶은 건 우리가 갖지 못해 보완되어야 할 정신적 자질이 그 사람에게 있기 때문이다.

　　욕구를 통해 우리는 온전한 우리 자신이 된다. 욕구라는 유혹의 손길을 내밀어 우리는 자신의 재능을 조금씩 향상시킨다. 우리는 또한 자신의 재능을 다른 사람에게 나누어 준다. 인간의 정신은 한계가 없기에 나누고 나누어도 가난해지지 않기 때문이다.

　　모든 자연은 정신의 상징과도 같다. 그렇기에 나는 정신이 갈구하는 이 신비한 향수를 만족시킬 수 있는 곳이 반드시 어디엔가 있을 거라는 믿음을 저버릴 수 없다.

고대 스칸디나비아인들의 이상향인 발할라Valhalla, 힌두인들의 최고의 경지인 열반Nirvana, 기독교인들의 천국은 이 세상에 대해 걱정하고 실망을 느낀 인간이 자연스럽게 갈구할 수밖에 없었던 희망이다.

사람들은 토르(Thor : 북유럽 신화에서 천둥·전쟁·농업을 주관한 신-옮긴이 주)나 브라마(Brahma : 힌두교 최고의 신-옮긴이 주), 혹은 하나님이 어디에선가 보상을 해 준다는 믿음으로 세상에 대한 걱정과 실망을 누그러뜨린다.

남성과 여성이 슬퍼하지 않고
사랑하는 것이 허락되는 곳에서
영원한 합일이 이루어지듯이
증오가 만연하지 않고 우리 스스로 죽음을 갈망하지도 않는
그런 곳에서 우리는
영원한 합일을 이룰 수 있을 것이다.

Art and Religion

13

우리는 어떻게 자유를 얻을 수 있을까

예 술 과 종 교

　이것은 진실일 수도 있지만, 모든 경우에 적용되는지 확신할 수는 없다. 그러니 독자 스스로 생각한 후에 만일 내가 틀렸다면 그 이유와 함께 바로잡아주기를 바란다.

　내가 제시하는 명제는 '예술가는 그의 작품 이상의 종교가 필요 없다'는 점이다. 말하자면 아름다운 생각을 하고, 최선을 다해 이를 다른 사람에게 표현하는 사람에게 예술은 그 자체로 종교라는 것이다. 추종자에게 정신적 절정 상태를 선사하는 감정적 흥분이 종교이다. 정신적 절정에 다다른 순간에는 이루 말할 수 없는 편안함과 평화, 사랑의 기운에 푹 잠기게 된다.

세상의 모든 사람들은 그러한 순간을 갈망하기 마련이다. 버나드 쇼Bernard Shaw가 말하길, 우리는 독한 차나 담배, 위스키, 아편, 사랑, 예술 혹은 종교를 통해 그런 상태에 도달할 수 있다고 했다.

버나드 쇼가 비록 냉소적이긴 하지만, 그의 생각 속에는 되짚어볼 만한 한 가닥의 진실이 담겨 있다. 하지만 전체와의 합일을 열망하는 자연적인 종교 외에, 모든 공식화된 종교는 두려움의 요소를 주입시키고 신의 화를 달랠 필요성을 가르친다. 신에 대한 우리의 생각은 우리가 살고 있는 정치적 통치에 의해 제안되었다.

칼라일(Thomas Carlyle : 1795~1881, 스코틀랜드의 철학자, 풍자 작가, 에세이스트, 역사가-옮긴이 주)은 일반적인 영국인들에게 신이란 불멸의 조지 4세와 같은 존재라고 간단히 요약한 바 있다. 끔찍한 절대적 폭군으로서의 신에 대한 생각은 절대군주제에서 최초로 확립된 형태이다. 하지만 통치자들이 점점 더 관대해짐에 따라 신도 더 관대해졌다.

그리고 마침내 우리는 통치자들을 공화국으로 끌어내렸고, 이제 신은 더 이상 절대군주가 아니라 대통령과도 같은 존재가 되었다. 우리 모두는 스스럼없는 기도를 통해 절대적으로 평등하게 신에게 접근할 수 있다.

그러자 곧, 최초로 "나는 신이며 당신도 신이고, 우리 모두는 그저 신의 입자들이다"라고 말하는 사람이 생겨났다. 즉 기존의 대통령이 물러나고 총선거가 이루어지는 셈이다. 최고의 통치 책임자의 부재는 소박함과 정직, 정의, 진정성을 의미한다. 삶의 방식에 음모와 계략과 의심이 가득할 때 지배자가 필요한 법이다.

마찬가지로, 노여움을 달래 줄 필요가 있는 신에 대한 생각이 있다면 종교가 반드시 필요하다. 확신이 없고 의심스러운 삶을 사는 사람들은 강력한 정부와 열정적인 종교를 필요로 한다. 공식 종교와 죄는 떼려야 뗄 수 없는 관계가 있다. 공식 종교와 노예제도 역시 굳게 손을 맞잡고 있다. 공식 종교와 전제정치도 밀접한 관계를 맺고 있으며, 공식 종교와 무지無知 역시 마찬가지이다.

그리고 죄와 노예제도, 전제정치와 무지는 결코 분리되지 않는다.

중죄를 지은 사람이 종교적이기 쉽다

공식 종교는 인간이 자신의 창조주와 함께 평화를 얻으려고 만든 하나의 책략이다. 또한 공식 종교는 인간이 일에서 만족을 얻지 못할 때, 종교를 통해 극치감을 만족시키고자 한다. 볼테르는 "여성이 남성에게 더 이상 만족을 줄 수 없다는 것을 깨달을 때 신에게 의지한다"라고 했다. 인간이 더 이상 자기 자신에게 만족할 수 없을 때, 그는 교회로 간다. 여기서 나는 이 글이 지나치게 길어지는 것을 막기 위해 개신 교회는 유용한 사교클럽의 일종이라는 점은 의도적으로 생략했다. 또 논의를 위해 교회가 진정한 종교적 기관이라고 가정했다.

공식 종교는 사랑과 덕, 탁월함과 진실을 설교해서 인간이 느낄 수 있는 감정과 감동을 보다 쉽게 느끼게 해 주는 지름길에 불과하다. 우리는 아주 뛰어난 일을 달성하고 자신의 모든 것을 모조리 표현해 낼 때, 그 보답으로 그 순간만큼은 무한無限에 접촉하는 듯한 정신적 고양감과 절정을 느끼게 된다. 공식 종교는 아무런 유용한 일을 하지 않고도 이러한 감정을 느끼게 해 주기 때문에 부자연스러운 것이다.

공식화된 종교는 죄와 노예, 전제정치와 무지가 만연할 때 가장 큰 힘을 가진다. 인간이 자유롭고 깨어 있으며 자신의 일에 최선을 다한다면, 그 일을 통해 영혼이 요구하는 만족을 찾을 수 있다. 그러면 외부에서 쉴 공간을 찾아 헤매지 않고, 스스로에게서 평화를 느낄 것이다. 더 나아가 인간과 신 모두에게서 평화를 느낄 것이다.

하지만 상사에게 휘둘리기만 하고 자신을 표현할 수 없는 고 달픈 매일의 일에 묶여 있는 사람은 어떨까. 이들은 잠시나마 한숨을 돌리기 위해 술이나 종교에 의지한다. 토요일 밤만 기다리는 사람, 다른 사람과 일을 바꿀 계획을 짜는 사람, 고용주가 어디에 있는지 기가 막히게 알아내는 사람, 일을 피하려고 꾀를 부리는 사람, 조금이라도 일이 급하지 않을 때는 여름휴가만 생각하는 사람들이 안식일이나 교회에 가는 일은 매우 까다롭게 지키는 경향이 있다.

자신의 이익을 위해서는 당연히 주어야 할 돈을 조금씩 떼먹지만, 다른 사람이 조금이라도 이자나 원금지급이 늦어지면 가차 없이 담보권을 행사하고, "사업은 사업이다"라고 못을 박는 사업가들은 대부분 교구위원이나 부제, 교회의 재산 관리인들이다.

주위를 살펴보라! 그뿐인가?

덫을 쳐서 부주의한 사람들이 걸려들기만을 기다리는 포식동물 같은 부동산 업자, 먹이를 기다리는 변호사들, 직원들을 마구 쥐어짜며 혹사시키는 대상인들, 역사에 기록된 적도 없고 기록될 수도 없는 석유 왕들……, 이런 사람들은 종종 신과 함께 평화를 얻고, 교회를 짓고 대학과 도서관을 설립하고, 공식화된 종교를 굳게 거머쥐어 도취감을 얻고 만족을 찾는다. 주위를 한번 둘러보면 이런 부류의 인간들을 쉽게 찾을 수 있다.

그렇다면 일단 정리를 해보자. 만일 우리가 지금 살고 있는 인생과 하고 있는 일에 의심과 의문이 생기거나 마음에 들지 않는다면, 해결 방법은 불만족스러운 생업에서 벗어나야 할 것이다. 그러고 나서 자기가 좋아하며 만족을 얻을 수 있는 일을 하면 비로소 삶의 균형 감각을 되찾을 수 있다. 하지만 현실적 상황과 조건이 이를 허락하지 않는다면 우리는 종교에서 만족감을 찾는다.

물론 늘 그런 것은 아니지만 매우 흔한 경우가 있다. 중죄를 지은 사람이 매우 종교적이기 쉬운 반면, 역으로 훌륭한 사람이 한평생 기존 종교와 교전을 벌이기도 한다. 그리고 더 나아가, 훌륭한 사람은 결코 교회에서 찾을 수 없다!

일을 잘하는 것보다 더 나은 종교는 없다

뭔가를 성취해 나가는 일에 집중하며 사는 사람들은 자신의 일에 푹 빠져 몰두한다. 이런 사람들은 으레 단순하고 정직하며 진실하다. 이들은 공식적인 종교를 바라지도 않는다. 또 이 사람들은 성직자도 정신적 지도자도 원하지 않는다. 그리고 일상적인 삶 밖에서 만족을 구하지도 않는다. 이들은 오로지 자신들을 가만히 내버려 두기를 바라며, 일을 할 특권만을 원한다.

세뮤엘 존슨(Semuel Johnson : 1709~1784, 영국의 시인 겸 평론가-옮긴이 주)은 임종의 자리에서, 조슈아 레이놀즈(Joshua Reynolds : 1723~1792, 영국의 초상화가. 고전 작가들을 연구해 영국 미술계에 새로운 초상화 스타일과 기법을 확립했다-옮긴이 주)에게 더 이상 일요일에 일하지 않겠다는 약속을 받아냈다. 세뮤얼 존슨은 물론 자신이 교회에 가는 행위를 통해 얻을 수 있었던 정신 상태를 레이놀즈는 그림을 통해 얻고 있었다는 진실은 미처 몰랐을 것이다.

존슨은 일을 경멸했고 레이놀즈는 일을 사랑했다. 존슨은 한 주의 하루만이 신성한 날이라고 생각했고, 레이놀즈는 매일매일이 일을 하기에 신성한 날이라고 생각했다. 그는 날마다 최선을 다하는 삶을 살 수 있다고 생각했다. 어째서 우리는 가장 신성하고 고귀한 자신의 모습을 일요일에는 포기해야만 하는가.

만일 누군가가 일요일에 일하지 않는다면 그 이유는 그가 자신의 일을 경멸하기 때문이다. 그 사람의 매출과 교환은 사기이며, 그의 물건이 부정직하기 때문이다. 그의 주중의 거래는 양심을 덮는

천과 같고, 그는 아직도 노예처럼 살고 있기에 그 권태를 벗어 던지기 위해 일요일이라는 하루가 더 필요한 것이다. 즉, 그 사람은 스스로를 자유롭지 못하게 하고 있으며, 다른 사람들도 절대 자유로워질 수 없다고 주장한다.

그런 사람은 일을 기쁨으로 만들지 못한다. 뼈 빠지게 일하면서 자기 자신과 함께 다른 사람 역시 혹사시키고 있다. 그는 권태와 혐오로 거의 졸도할 지경인 셈이다. 이들은 노예들의 주인인 동시에 스스로도 노예이다. 노예를 소유한다는 것은 결국 노예가 되는 것과 마찬가지이기 때문이다.

하지만 예술가는 늘 자유롭고 환희를 느끼며 일한다. 그에게는 모든 것이 좋고 날마다 신성한 날이 계속된다. 위대한 발명가, 사상가, 시인, 음악가와 화가는 모두 매우 종교적인 본성이 있다. 하지만 그들의 종교는 결코 공식화되거나 한정되거나 경직된 종교가 아니다. 이들은 시간과 장소를 정해 놓고 예배를 드리지 않는다. 이들의 종교는 자연스러우며, 지적 능력과 감정이 자연스럽게 꽃피도록 하는 것이다. 이들은 사랑이 가득한 마음으로 일요일뿐만 아니라 매일 일한다. 이들에게는 언제나 작은 숲이 최초의 성전이다.

인간을 자유롭게 하기 위해 일하자. 사람들이 자유를 얻고, 공포가 아닌 기쁨 속에서 일하길 원하는 것이 과연 부당한 일인가.

정신적 자극을 받고 좋은 생각이 떠오른다면 일요일이라고 해서 주저하지 말고 일하라. 일은 우리의 생각을 표현하는 행위일 뿐이며, 일을 잘하는 것보다 더 나은 종교는 없다.

14

우리는 어떻게 인생의 주인이 될까

주 도 성

Initiative

세상은 돈과 영예라는 큰 상을 주지만 한 가지는 주지 않는다.
바로 주도성이다.

주도성이란 다른 사람이 시키지 않아도 올바른 일을 하는 것이다.
시키지 않아도 올바른 일을 하는 것의 다음 단계는
한 번 들었을 때 하는 것이다.
그 다음으로 다른 사람에게 두 번 듣고서야
겨우 일하는 사람들이 있다.
이들은 영예를 얻지 못하고 보수도 조금밖에 받지 못한다.

또, 뒤에서 누군가 반드시 등을 떠밀어야만
일을 제대로 하는 사람도 있다.
이런 사람들은 영예는 고사하고 무관심과 냉담,
그리고 쥐꼬리만 한 수입밖에 얻을 수 없을 것이다.
이런 사람들은 그저 벤치나 닦으면서 푸념이나 늘어놓기 일쑤이다.

이보다 낮은 단계의 사람들은
누군가가 방법을 가르쳐 주고
그 일을 잘하는지 지켜볼 때조차도
제대로 일하지 못하는 사람들이다.

이런 사람들은 부자인 아버지를 두지 않은 이상,

늘 직장을 잃게 되고 업신여김을 당한다.

설사 아버지가 부자라 하더라도

운명은 몽둥이를 들고

어디에선가

그를

기다리고 있을 것이다.

당신은

어떤 단계에 속하는가?

15

우리는 어떻게 '불쾌한 여자'를 알아볼까

불쾌한 여자

The Disagreeable Girl

영국에서 가장 유명한 극작가인 조지 버나드 쇼George Bernard Shaw는 그가 '불쾌한 여자The Disagreeable Girl'라고 즐겨 부른 비판 문학을 제기하고 이를 출판해서 상류사회를 심판했다.

여기서 사회란, '불쾌한 여자'가 무대 중앙을 휘저으며 중요한 역할을 할 수 있는 상류사회를 지칭한다. 상류사회는 공허로 가득 차 있다. 그리고 이 사회에는 낭비와 소비를 멋지게 해내는 능력이 있는 사람들을 찬양하는 분위기 일색이다. 사교계의 명단 가장 위쪽에 이름이 놓인 사람들은 반드시 사회에 도움이 되거나 지적인 사람일 필요는 없다. 그저 그렇게 '보이는' 것이 중요하다.

이런 분위기는 '불쾌한 여자'에게 기회를 준다. 만일 그녀가 종이 상자 공장에서 일한다면 그녀는 열심히 일해서 성공해야 한다. 회사는 결과를 요구하기 때문이다. 또, 그녀가 무대에 선다면 약간의 지식과 좋은 몸매를 갖춰야 한다. 하지만 상류사회는 겉치레와 가식만 있으면 그만이다. 단지 쓸데없는 일에 왕관을 씌우는 곳이다.

하지만 그렇다고 해서 불쾌한 여자가 아무 영향력이 없다고 생각하면 큰 오산이다. 그녀의 영향력은 조지 버나드 쇼에게 영향을 미칠 정도로 컸다. 그녀는 조지 버나드 쇼에게 삶의 극적인 단면들을 보여 주었다. 만일 그녀가 없었다면 그는 결코 희곡을 쓸 수 없었을 것이다.

이 불쾌한 여자는 늘 우리 주변에 있다. 그녀는 모든 것을 알고 어디에나 존재한다. 그녀는 아버지에게 실망스런 딸이요, 어머니에게는 창피이며, 형제자매들에게는 벌레 같은 존재다. 마침내 그녀가 결혼하면 그녀는 서서히 남편의 영감과 상상력을 무너뜨리기 시작한다. 급기야 그녀는 자신감 넘치고 야망으로 가득한 남자를 허약하고 비열한 겁쟁이로 만들어 버린다.

인간의 본성을 가장 잘 나타내주는 캐릭터,
'불쾌한 여자'

불쾌한 여자가 빛이 나는 곳은 오직 사교계뿐이다. 그 외의 모든 곳에서 그녀는 비참한 실패자이다. 엄청난 각광을 받은 깁슨 걸(Gibson Girl : 미국의 화가 찰스 다너 깁슨Charles Dana Gibson이 아내를 모델로 그린 초상화에서 흔히 보던 1890년대 유행한 의상 스타일의 여성상. 특색은 하이넥, 어깨를 불룩하게 한 소매, 타이트한 웨이스트, 종 모양의 스커트 등으로 S자형의 실루엣으로 되어 있으며, 당시 미국의 여성적 미를 대변하는 전형적 스타일이 되었다-옮긴이 주)은 버나드 쇼의 불쾌한 여자의 고급버전이라 할 수 있다.

깁슨 걸은 나른하게 누워 빈둥거리고, 입을 삐죽이거나 눈물을 쥐어짜고, 뒷담화를 하거나 기회를 엿보고, 꿈꾸고 먹고 마시고 잠을 자고 하품한다. 그녀는 붉은 재킷을 입은 채 마차를 탄다. 때로는 성적 매력이 돋보이는 스웨터를 입은 채 골프를 친다. 호텔 베란다에서는 어슬렁거리며 피아노 건반을 두드린다.

하지만 그녀가 도움이 되는 일을 한다거나, 현명한 말을 한다는 소식은 결코 듣지 못할 것이다. 그녀는 카드게임을 하면서 자신이 이기면 '갖고', 지면 '빚을 진다.' 그리고 그녀의 사진이 실린 화려한 인쇄물은 종종 일요 주간지의 한 페이지를 장식한다. 유익한 노력들은 기가 막히게 모두 회피하는 멋진 능력을 그녀는 한껏 보여준다. 깁슨은 불쾌한 여자를 화려하게 포장한다. 하지만 버나드 쇼는 그녀를 있는 그대로 그려낸다.

조지 버나드 쇼는 헨릭 입센Henrik Ibsen의 『인형의 집』에 등장하는 노라 헤블러라는 인물로부터 불쾌한 여자에 대한 영감을 얻었을 지도 모른다. 노라는 불쾌한 여자의 성숙한 버전과도 같다. 버나드 쇼는 그녀가 나방에서 나비로 변해 가는 모든 과정을 보았다.

불쾌한 여자는 어디에나 있다. 인간의 캐릭터를 묘사하는 데 탁월한 대가인 버나드 쇼는 그녀를 빼고는 희곡을 쓸 수 없었다. 마치 터너(Joseph Mallord William Turner : 1775~1851, 영국의 화가로 대표작 〈전함 테메레르〉, 〈수장〉 등에서 낭만주의적 완성을 보여주었으며 인상파 화가들에게 큰 영향을 끼쳤다-옮긴이 주)가 그의 풍경화에서 사람을 빼놓지 않았으며, 파올로 베로네세(Paolo Veronese : 1528~1588, 이탈리아의 화가. 환상적이고 매혹적인 공간 구성을 가진 화려한 양식을 확립했다-옮긴이 주)가 캔버스에서 개를 지우지 못한 것처럼 말이다.

불쾌한 여자는 코가 약간 들리고, 아름답고 발그레한 외모의 당돌하고 시적인 여성이다. 첫눈에 보면 부드럽고 지적인 면모가 있다. 나이는 18세에서 28세 사이다. 하지만 28세가 넘어가면 그전에는 감추어져 있던 조잡하거나 포악한 성격이 밖으로 확연히 드러난다.

얼굴은 그 사람이 살아온 인생의 역사이다

습관은 얼굴에 드러나며, 몸은 우리의 내면을 드러내는 자동 기록기와 같다. 아름답게 나이 들기 위해서는 젊을 때 멋지게 살아야 한다. 우리 모두는 자신의 후손인 동시에 자신의 조상이기 때문이다. 어제의 내가 있었기에 오늘의 내가 존재하는 법이다. 불쾌한 여자는 적어도 사람들이 그녀를 아름답다고 말하는 한, 늘 아름답다. 그리고 그녀는 이 말을 금언과도 같이 철석같이 믿는다.

사람들이 또한 그녀를 영리하다고 하면, 그녀는 자신이 영리하다고 믿는다. 하지만 사실 그녀는 그저 무례하고 건방질 뿐이다. 이들은 성적으로 자유분방하며 젊음을 불태우지만, 그녀는 그것이 '부도덕'하지 않다고 스스로에게 면죄부를 준다.

그녀는 소심할 정도로 주의를 기울이기에 나무랄 데 없다. 사람들 앞에서 그녀는 조심스럽고 얌전한 척을 한다. 하지만 혼자 있거나 상관할 필요가 없는 사람들과 함께 있을 때는 일상이 매우 무례하고 상스러우며 감각적이다.

그녀는 너무 많이 먹고 운동도 제대로 하지도 않는다. 늘 다른 사람의 시중을 받거나, 당연히 해야 할 일을 다른 이들에게 시키는 일을 즐긴다. 그녀의 방은 잡동사니가 어지럽게 널브러져 있고 무질서하다. 그녀에게 한 줄기 희망이 있다면 그나마 수치심은 있다는 점이다.

그녀는 가능한 한 자신의 아파트에 누구도 들이지 않는다. 굳은 이기심이야말로 그녀의 가장 큰 특징이다. 그녀는 책임을 회피하고 정직한 노력을 요구하는 모든 의무를 하지 않으려 한다. 게다가 진실하지 못하고 비밀스러운 데다 게으르고 정직하지 못하다.

"지금 뭘 먹고 있소?"·

노라 헤블러가 남편이 있는지 모르고 방으로 들어왔을 때 남편이 물었다.

"아무것도요."

그녀는 이렇게 대답하고는 사탕상자를 뒤로 숨기며 재빨리 방을 나간다.

나는 노라의 남편이 그녀가 무얼 먹고 있든 상관하지 않았을 거라 생각한다. 어떤 남자도 여자에게 그런 질문을 하지 않으며, 사실 뭘 먹고 있든 상관하지 않는다. 하지만 노라는 필요할 때마다 늘 방어적이며 사실을 조작한다. 설령, 그럴 필요가 없을 때조차 습관적으로 그렇게 한다. 그녀는 할머니에게서 받은 편지조차도 사랑하는 연인에게서 온 편지인 것처럼 재빠르고 교묘하게 숨길 것이다.

그녀에게 의심은 삶의 습관이다. 그녀는 스스로 죄책감을 느끼기에, 자신의 죄악이 결코 행동으로 옮겨지지 않을 텐데도 모든 사람들을 의심한다. 노라는 남편의 주머니를 뒤지고, 그의 노트와 편지를 검사하고, 남편이 여행을 떠나면 하루 종일 그의 책상을 뒤질 것이다. 그녀의 영혼은 열쇠를 복사하는 데서 기쁨을 찾기 때문이다.

단테의 베아트리체조차 알고 보면 '불쾌한 여자'일지도

때때로 그녀는 사람들을 혼란시키기 위해 자신과 상관없는 힌트를 흘린다. 그녀는 그저 다른 사람들이 어떻게 할 것인지 알기 위해 의도적으로 이상하고 거슬리는 행동을 한다.

노라의 남편은 그녀가 그러한 본성을 갖도록 어느 정도 교묘하게 기여한 바가 있다. '좋은' 여성이라 할지라도 비난 받았을 때 속임수를 써서 슬쩍 피하거나 애교로 점수를 따기 때문이다. 여성과 남성은 결코 동떨어진 존재가 아니다. 여성들이 그렇게 된 데는 대부분 남자의 책임이 있다.

우리 모두는 족쇄에서 벗어나고자 한다. 하지만 다른 사람의 말에 귀를 기울이고, 가장 정직하며 지적인 사람들조차도 족쇄에서 완전히 벗어나지 못한다.

불쾌한 여자의 마음은 그녀의 몸과 조화를 이루지 못한다. 그녀는 갑자기 자유를 얻게 된 노예와도 같다. 그녀에게 자유는 너무나 새롭고 이상한 것이다. 그래서 그녀는 자신이 처한 새로운 환경을 받아들이지 못한다. 어찌해야 할 바를 모르는 것이다.

조지 버나드 쇼에 따르면, 종종 이성의 매력에 눈이 먼 남자들 때문에 이런 비극이 생긴다고 한다. 자신들이 이 불쾌한 여자를 사랑한다고 굳게 믿는 좋은 남성들 때문에 그녀의 불행도 생긴다. 하지만 결국 남자들이 사랑하는 여자는 자신들이 만들어 낸 이상형일 뿐이다.

자연은 사기꾼이자 유머작가일 수 있다. 자연은 개인의 안목을 넘어서 종種의 의지를 결정한다. 사랑의 신神 큐피드가 사랑에 빠진 남자의 눈을 고의로 잘 안 보이게 만드는 것처럼, 투우사는 말이 투우장으로 뛰어들도록 자신의 말에 눈가리개를 씌운다.

단테에게 있어 베아트리체는 시인에 의해 상상의 옷을 입고, 몽상가에 의해 이상화된 '불쾌한 여자'였을 뿐이다. 천만다행으로 단테는 멀리 떨어져서 그녀를 숭배했다. 그리고 더 축복이었던 것은 그녀에 대한 진실을 깨달을 만큼 그녀를 충분히 잘 알지 못했다는 것이다. 덕분에 그는 사랑과 감성, 성스럽고 달콤한 아픔과 비애 속에서 가장 성스러운 행복을 누리는 삶을 살 수 있었다.

우리는 어떻게 인생에서 승리할까

중 립

16

The Neutral

눈에 띄는 사업체가 있었다.

그런데 이 사업체는 거침없는 행보와 커져 가는 영향력 탓에 무수한 경쟁 기업들이 시기와 질투를 일삼았다. 주변에는 이 업체를 만신창이로 만들기 위한 음모가 만연해 있었다. 나는 이 업체의 직원인 한 젊은이와 대화를 나누었는데, 그는 하품을 하며 이렇게 말했다.

"이봐요. 난 이 싸움에서 중립이에요."

"하지만 당신은 그 회사에서 주는 돈으로 먹고 살고 있지 않습니까? 당신 회사의 목숨이 관련된 일인데 어떻게 중립적일 수 있습니까?"

그러자 그는 급히 다른 화제로 말을 돌렸다.

나는 이 젊은이를 결코 이해할 수 없었다. 설사 내가 일본 군대에 징집된다 하더라도 결코 중립적일 수만은 없을 테니 말이다.

인생과 사업은 끊임없는 투쟁의 연속이다.

인간은 투쟁을 통해 현재의 발달 수준에 도달한다.

투쟁은 반드시 있으며, 앞으로도 늘 그럴 것이다.

투쟁은 처음에는 순수하게 물리적인 것부터 시작된다.

인간은 원시성을 일부 남긴 채
서서히
물리적 투쟁을
정신적이며 초자연적이고 영적인 투쟁으로
옮기며 진화한다.

하지만 삶은 능동적인 활동이기에
인생에서 투쟁은 늘 있을 것이다.
그리고 선행을 위한 투쟁 역시 투쟁적이라 할 수 있다.
무력함과 관성에 지는 순간,
우리는 죽음을 맞게 될 때가 온 것이다.

인생이라는 판에서는
죽은 사람만이
진정한 중립을 지킬 수 있다.

늘 깨어 있으라.
이는 자유의 대가일 뿐만 아니라
다른 모든 좋은 것들을 얻기 위한 대가이다.

능동적이고 늘 경계하고 깨어 있는 사람들이 사라진다면 사업은 모든 면에서 무너져 버린다. 밤낮으로 생명의 요소들을 녹이고 분리하며 소멸시키는 산소와 마찬가지로, 사업 역시 끊임없이 흩어지고 무너지며 이 사람에서 저 사람으로 끊임없이 소유권을 옮겨 다니는 속성이 있다.

모든 사업에는 끝없이 갉아먹는 수많은 생쥐들이 있기 마련이다. 이들 생쥐들은 늘 자신의 몫을 챙기는 데만 급급하다. 이런 상황에서 사업체의 고용인들이 지나치게 중립적이라서 이 생쥐들을 방관만 하고 있다면, 결국 그 회사 전체가 추락하고 말 것이다.

육군 원수 오야마(Oyama Iwao : 1842~1916, 일본 메이지 시대의 정치가, 군인. 메이지 유신에 참여하였으며, 러일 전쟁에서 일본 육군을 지휘하였다-옮긴이 주)는 이렇게 말했다.

"우리 군에
고결한 중립자들을 찾아내어
영광의 주짓수(유도의 전신-옮긴이 주)를
날려라!"

17

우리는 어떻게 진실의 길로 갈 수 있을까

진 보 에   대 하 여

Reflections on Progress

르낭(Renan, Joseph Ernest : 1823~1892, 프랑스의 언어학자, 역사가, 신학자-옮긴이 주)이 말하길 진실은 늘 처음에는 거부당하기 마련이라 했다.

진실의 진화 과정은 다음과 같다.

1단계
사람들은 이를
성경에 반하는 이단이라고 말한다.

2단계
그렇다 해도 전혀
문제가 되지 않는다고 말한다.

3단계
마치 항상 그것을 믿었던 것처럼
당연하다고 여긴다.

200년 전에는 사업에서 동업관계가 매우 드물었다. 장사를 하는 사람은 그저 물건을 만들어서 파는 게 전부였다. 제조는 본인이나 직계 가족들이 맡았다. 얼마 지나지 않아 우리는 홀랜드의 위대한 출판가문인 엘지비어 Elzevirs 가문이나 플랑탱 가문Plantins처럼 아버지가 시작한 사업을 형제들이 이어나가는 사례를 찾을 수 있게 된다.

이러한 경쟁에 발맞추어 1640년, 네 명의 인쇄업자가 동업을 맺고 힘을 합쳤다. 그런데 반 크루겐이라는 한 지역의 작가가 이 네 사람을 비난하고 나섰다. 그는 동업관계가 사악하며 불법인 동시에 최선의 이익에 반대된다며 이들을 맹렬하게 공격했다.

당시 암스테르담에는 국가의 허가를 받지 않은 사업상 동업을 전면 금지하는 법이 있을 정도로 이러한 견해는 매우 일반적이었다. 미주리 주의 입법부는 최근에 예전의 반 크루겐의 주장을 근거로 들어 한 백화점과 전쟁을 벌이기도 했는데, 어리석음에는 저작권이 없는 모양이다.

17세기 런던에서는 동업하거나 수익을 나누는 행위는 범죄로 간주되었다. 그래서 법적으로 유죄선거를 받거나 명령불복종, 위반, 방조 등으로 처벌을 받았다. 또 광장에서 쇠고랑을 차는 형벌을 받기도 했다.

최초의 회사가 설립되기 불과 몇 년 전까지도 이를 반대하는 분위기가 팽배했다. 사람들은 회사를 억압을 위한 책략이자, 탐욕스럽고, 개인을 혹사시키는 조직이라고 선포했다. 그리고 이를 입증하기 위해 다양한 고충사례들이 인용되었다. 사람들은 회사가 모두에게 괴로움을 줄 것이 틀림없다고 생각했다. 이 회사라는 새로운 조직에 적응하기 위해서는 많은 이들이 뼈아픈 고통과 후회의 대가를 톡톡히 치러야 할 것이라고도 말했다.

하지만 이제 우리는 회사가 필요에 의해서 생겼다고 믿는다. 즉, 회사는 시대의 요구에 따른 것이며, 소수의 사람만으로는 해낼 수 없는 큰일을 하기 위해서 생긴 것이다. 영국이 제조국으로 부상할 수 있었던 것은 주식회사의 설립이라는 커다란 계획 덕분이었다. 현재 모든 사람들에게 인정받고 있는 합자회사는 도구와 원자재, 건물 같은 시스템을 확보하고 사업의 영속성을 제공하기 위해 절대적으로 필요한 존재이다.

다른 사람을 돕는 것이 결국 자기 자신을 돕는 것이다

미국의 철도 시스템은 이 나라를 세웠다고 해도 과언이 아니다. 합자회사와 교통수단을 바탕으로 우리의 번영이 결정된 것이다. 에머슨은 "무역은 물건이 풍부한 곳에서 물건이 필요한 곳으로 이동시키는 것이다"라고 말했다.

미국에는 각각 6천 마일 이상의 철로를 관리하는 열 개의 자본가 단체가 있다. 이들 회사들은 다수의 소규모 선로들을 포함하고 있으며, 선로와 선로를 잇는 무수한 연결선이 지어지고 있다. 큰 구역을 차지하기 위한 경쟁은 사실상 없어졌다. 모든 과정은 매우 조용히 진행되고 있어 일부 사람들만이 변화를 눈치 챌 뿐이다. 이러한 합동관리를 통해 체감되는 일반적 결과는, 적은 비용으로 더 좋은 서비스를 받을 수 있다는 것이다.

이제 대규모 사업체의 경영자 중 누구도 대중을 무시하거나 저주를 퍼붓지 않는다. 성공으로 향하는 좁은 길을 통과하기 위해서는 대중들에게 모욕을 주는 대신, 대중에게 봉사해야 한다. 그 외의 방식으로는 결코 성공할 수 없다. 이러한 진실은 너무나 자명해서 누구라도 깨달을 수 있는 사실이다. 결국 다른 사람을 돕는 것이 자기 자신을 돕는 것이다.

30년 전, P.T. 바넘(P. T. Barnum : 1810~1891, 엔터테이너, 기업인, 쇼맨-옮긴이 주)은 "대중들은 사기 당하는 것을 즐긴다"라고 했다. 하지만 그는 이것이 진실이 아니라는 것을 알았는데, 왜냐하면 그는 결코 그 격언을 실행으로 옮기지 않았기 때문이다. 그는 종종 거짓말이라고 말하며 대중을 웃기곤 했지만, 한 번도 대중을 기만하는 위험한 속임수는 쓰지 않았다. 심지어 그가 거짓말을 했을 때조차 사람들은 아무도 속지 않았다. 진실은 꼭 찍어 말하지 않아도 간접적인 방법으로도 확인할 수 있기 때문이다.

"내 연인이 자신이 진실하다고 할 때, 나는 그녀가 거짓말을 하고 있다는 것을 알면서도 그녀를 믿습니다."

바넘은 40여 년 동안 대중을 즐겁게 하고 가르치기 위해 같은 지역을 반복해서 찾아가곤 했다. 그는 늘 자신이 광고했던 것보다 더 많은 것을 주고 왔다.

인간은 파멸로 가는 길에서 방향을 틀었다

서로 협력하려는 경향의 예는 20개의 대형 철도회사가 시기와 편견, 경쟁의식과 변덕을 제쳐 두고 단일 역을 세운 세인트 루이스 유니언 스테이션 같은 경우에서 매우 인상적인 특징을 찾아 볼 수 있다.

만일 경쟁이 정말로 업계의 숙명이라면 세인트 루이스로 들어오는 모든 철로는 회사마다 역을 각각 따로 두었을 것이다. 그랬다면 골칫거리와 불편 및 비용, 어디를 어떻게 가야 하는지 찾느라 낭비하는 시간은 고스란히 대중들의 몫으로 남았을 것이다.

하지만 이제 책략이 종식되고 단일한 목표 하에 대중들은 더 편하고 더 싼 비용으로 더 쉽게 여행할 수 있게 되었다. 안정성을 높여주는 최선의 서비스를 갖춘 가장 뛰어난 시설을 이용할 수도 있다. 하차할 때마다 유니폼을 입은 일꾼들이 우리를 맞아 주고, 질문에 예의 바르고 친절하게 응대해줘 여행을 수월하게 해준다.

여성들을 돕기 위한 여직원과 아이들을 돌봐주는 간호사도 있고, 노약자나 장애인을 위한 휠체어도 준비되어 있다. 이는 고객들이 헤매지 않도록 하는 배려인 동시에, 경쟁사보다 더 많은 표를 팔기 위해서이다. 우리는 자유롭게 노선을 정함으로써 백만 달러의 비용이 들고, 200여 명의 직원을 필요로 하는 이 거대한 시설을 제 것처럼 마음대로 이용할 수 있다.

이 모든 것이 우리를 위한 것이다. 이는 대중을 위한 것이며, 이는 목표와 바람으로 하나가 되는 협력에 의해서만 이루어질 수 있는 결과이다. 협력이 있기 전에는 파괴의 위협으로 혼돈의 직전까지 피 터지는 경쟁이 이루어졌다.

하지만 보라!

인간은 파멸로 가는 길에서 방향을 틀었다. 결국 인류는 더 개선되고 보존적이며 경제적인 계획을 궁리해 냈다. 그것은 바로 협력을 바탕으로 이루어졌다.

문 명 은   진 화 한 다

문명은 분리되거나 독립적인 것이 아니다. 예술이 그렇지 않은 것처럼 말이다.

예술은 무언가를 이룰 때 아름다운 방식으로 하는 것을 말한다. 이에 반해 문명은 무언가를 이룰 때 신속하고 효율적으로 하는 것을 말한다. 서두를수록 속도가 느려지듯, 서두름은 종종 낭비를 불러 오곤 한다. 문명은 뭔가를 할 때 최선의 방식으로 하는 것을 말한다.

인류의 수가 급속하게 증가함에 따라 사람들이 필요로 하는 것을 공급하는 일은 지구에서 가장 중요한 일이 되었다. 그리고 인류는 더 좋은 것을 제공하는 사람들에게 지속적으로 명예와 돈이라는 권력을 보상으로 제공했다. 교사들은 사람들에게 필요한 것들의 가치를 식별하고 인식하는 법을 가르치기 시작했다. 인간을 연구하고 인간이 진정 원하는 것이 무엇인지 알아내고, 그것이 사상, 혹은 물건이건 간에 이를 사람들에게 공급하는 이들에게는 영예와 부가 주어졌다.

사람들이 필요로 하는 것과 원하는 것은 서로 다를 수도 있다. 사람들이 원하지는 않지만 사람들에게 필요하다고 생각하는 것을 제공하는 것은 어떤 의미일까. 그건 마치 자신의 머리를 날카로운 창에 들이대는 행위인 동시에 묘지에 뼈를 묻는 것과도 같다. 하지만 기다려 보라. 세상이 진정 필요로 하는 것이 무엇인지 지금 당장은 사람들이 이해할 수 없을지라도, 언젠가는 그 가치를 알게 될 것이다. 그리고 그때가 오면 사람들에게 그 가치를 알렸던 이의 묘지는 성지가 될 것이다.

이러한 인간의 욕구변화는 인류의 지적 능력의 성장에 따른 결과이다.

이것이 바로 진보이다. 그리고 진보는 진화이며, 진화가 곧 진보이다.

끊임없이 진보를 추진하려는 사람들이 있다. 우리는 이들을 일컬어 '개혁가'라 한다.

반면, 늘 개혁가에 반대하는 사람들이 있다. 우리는 이들을 가장 완곡하게 일컬어 '보수주의자'라 한다.

개혁가는 구원자나 반역자 둘 중 하나이다. 구원자가 될 지 반역자가 될 지는 이들이 성공하느냐 실패하느냐와 당신의 견해에 달려 있다. 하지만 다른 사람들이 그를 어떻게 생각하든 상관없이 그 사람은 그 사람일 뿐이다. 반역자로 기소되거나 처형된 사람은 죽은 후에 '구원자'로 추앙 받기도 한다.

때로는 살아서는 구원자로 떠받들어지던 사람이 나중에는 가짜 구원자, 더 정확히는 사기꾼으로 밝혀지는 경우도 종종 있다. 보존은 대자연의 커다란 계획의 일부이다. 좋은 것을 유지하는 것을 보존이라 한다. 보수주의자는 진보가 문명을 도랑에 빠뜨리거나 만사를 그르친다고 생각할 때 제동을 거는 사람이다.

제동을 거는 사람들은 필요하다. 하지만 전도서의 말을 빌면, 제동을 걸 때가 있고 걸지 말아야 할 때가 있다. 바퀴가 돌지 못하게 계속 막다 보면, 바퀴는 헛돌다가 결국 멈춰버리고 만다. 그리고 멈춰버린 것은 퇴행한다. 진보에는 제동을 거는 사람이 필요하지만, 쉴 틈을 주지 않고 제동만 걸어서는 안 된다.

보수주의자들은 딱 급진주의자들의 수만큼만 필요하다. 보수주의자들은 개혁가들이 너무 빨리 나아가서 과실이 채 무르익기도 전에 따는 것을 막는 역할을 한다. 행성들이 반작용에 의해 제자리를 유지하듯이, 정부는 강력한 야당이 있을 때 제 기능을 잘 발휘하는 법이다.

문명 역시 개혁가들에 의해 떠밀리고 보수주의자들에게 제지되면서, 멈추었다 출발했다 하며 전진한다. 이들은 서로를 필요로 하며, 종종 자리를 바꾸기도 한다. 하지만 문명은 최선의 방식을 찾으며 앞으로 끝없이 나아간다.

경쟁은 더 이상 자연 법칙이 아니라 증오에 불과하다

인류는 상업에서 개인 노동자와 동업관계, 회사를 만들었다. 그리고 여기에 더해 기업합동(트러스트Trust : 같은 업종의 기업이 경쟁을 피하고 보다 많은 이익을 얻을 목적으로 자본에 의하여 결합한 독점 형태. 가입 기업의 개별 독립성은 없어진다-옮긴이 주)이 생겼다.

기업합동은 간단히 말해 회사들끼리 동업관계를 맺는 것을 말한다. 이는 모두가 앞으로 나아가는 진화이다. 이 모든 것은 인간을 위한 것이며 인간에 의해 행해졌다. 또한 이 모든 것은 사람들의 동의와 찬성, 그리고 승인에 의해 이루어졌다.

기업합동은 사람들에 의해 만들어졌다. 그렇기 때문에 기업합동이 사람들을 억압한다고 판단되면 사람들은 그것을 철회할 수 있다. 그리고 그렇게 할 것이다. 기업합동은 적법행위일 때만 존재한다. 그렇지 못할 때는 당연히 사형선고를 받게 될 것이다. 한편, 기업합동은 에너지를 절약할 수 있다는 것이 장점이다. 낭비를 줄이고 생산성을 높이며 공황을 사실상 불가능하게 만든다.

혁명의 다음 움직임은 사회주의의 시대가 될 것이다. 사회주의란 사람들에 의해, 그리고 사람들을 위해 모든 산업이 운영되는 것을 의미한다. 사회주의에서는 경쟁 대신 협력을 한다. 경쟁은 이제 너무나 일반적인 것이 되어버렸다. 경쟁은 단지 하나의 사건일 뿐인데도 경제학자들은 이를 자연의 법칙이라고 오해하는 경향이 있다.

경쟁은 더 이상 자연 법칙이 아니라 증오에 불과하다. 증오는 한때 우리가 너무나 굳게 믿고 있던 존재였다. 그래서 우리는 증오에 인격을 부여하여 '악마'라고 불렀다. 일하는 사람은 증오할 시간도, 두려워할 필요도 없다는 것을 사람들에게 교육시켜서 우리는 그 악마를 추방해 왔다. 동일한 의미로, 사람들은 교육을 통해 사회주의의 시대를 준비하게 될 것이다.

기업합동은 이제 사회주의를 준비하고 있다. 사회주의는 기업합동들이 모여서 하나의 거대한 조직을 만드는 것이다. 인류는 지적 능력과 참을성, 친절함과 사랑하는 마음을 점점 더 키워나가고 있다. 충분히 때가 무르익으면 사람들은 한 걸음 더 나아가 자신의 몫을 평화롭게 얻을 것이다.

그리고 협력을 바탕으로 한 공공선
야 할 것을 주면서 보답할 것이다.

公共善은 모든 사람에게 그들이 응당 받아

Sympathy, Know

우리는 어떻게 인생의 덕목을 갖출 수 있을까

공 감 , 지 식 그 리 고 균 형

18

edge and Poise

공감,
지식,
그리고 균형은

신사Gentleman가 갖춰야 할 세 가지 요소이다. 나는 이 세 가지를 중요한 순서대로 열거했다. 위대한 사람 중 공감 능력을 갖추지 못한 사람은 없다. 인간의 위대함은 공감 능력에서 결정된다고 보아도 무방하다. 공감과 상상력은 쌍둥이와 같다. 그리고 우리는 지위가 높은 사람과 낮은 사람, 부자와 가난한 사람, 학식이 있는 사람과 없는 사람, 착한 사람과 나쁜 사람, 현명한 사람과 어리석은 사람을 가리지 않고 모든 사람에게 마음을 쏟아야 한다.

이 모든 사람과 하나가 되지 못한다면 결코 이들을 이해할 수 없기 때문이다. 그것이 공감이다. 공감은 세상 모든 비밀을 풀 수 있는 기준이다. 또한 모든 지식을 얻는 열쇠인 동시에 모든 사람의 마음을 여는 마법의 주문과도 같다. 다른 사람의 입장에서 생각해 본다면 그 사람이 왜 그런 생각과 행동을 하게 되었는지 알 수 있을 것이다. 그 사람의 입장에서 생각하면 그에 대한 비난은 연민과 동정 속으로 사라진다. 우리의 눈물은 그의 잘못된 행동에 대한 전과를 씻어낼 것이다.

세상의 구원자는 언제나 경이로운 공감 능력을 갖춘 사람들이었다. 하지만 지식은 늘 공감과 동반되어야 한다. 그렇지 않다면 감정은 싸구려 감상으로 변질되고, 아이에 대한 연민은 푸들 강아지에게 낭비될 것이며, 인간의 영혼 대신 들쥐에게 동정을 쏟게 될 것이다. 지식을 유용하게 활용한다면 지혜가 된다. 그리고 지혜는 가치의 개념을 담고 있다. 우리는 작은 것을 통해 큰 것을 알게 되고, 사소한 사실을 통해 중요한 사실을 깨닫게 된다. **비극과 희극은 그저 가치의 문제이다.** 인생에서 작은 부조화는 우리를 웃게 하지만, 커다란 부조화는 비극이 되어 슬픔을 유발시킨다.

자 연 에 서 지 식 을 얻 어 라

균형은 공감과 지식을 조절하는 몸과 마음의 힘을 뜻한다. 만일 감정을 조절하지 못해 감정이 흘러넘친다면 우리는 곤

경에 빠질 것이다. 공감을 무절제하게 남발해서는 안 된다. 그러면 공감은 가치가 없어질 뿐만 아니라 공감의 힘 역시 약해진다. 이처럼 감정 조절 능력을 잃은 사람들의 사례는 정신병원에서 많이 찾을 수 있다. 그렇기 때문에, 공감 능력을 갖추고 있다 하더라도 균형을 잃은 사람들은 자기 자신에게나 세상에 도움이 되지 못한다.

균형은 글보다는 목소리를 통해, 행동보다는 생각 속에서, 그리고 의식적인 삶보다는 분위기 속에서 더 잘 드러난다. 균형은 정신적 자질이며, 보이기보다는 느껴지는 것이다. 균형은 몸의 크기나, 외적인 태도, 복장, 용모와는 상관없다. 균형은 내적 상태와 내적 정당성을 뜻한다. 또한 우리는 균형이 엄청난 영향력이 있는 동시에 한계가 없다는 것을 알고 있다. 또 균형 감각이 올바른 생활을 하기 위한 완전한 지식과 기술을 포함하고 있는 위대하며 심오한 주제라는 것도 깨닫고 있다.

나는 예전에 몸이 불구이며 키가 난쟁이만한 남자를 만난 적이 있다. 하지만 그는 엄청난 정신적 무게와 그에 걸맞은 균형감이 있었다. 그가 있는 방에 들어간 순간 그에게서 압도적인 존재감과 우월함이 뿜어져 나오는 것을 느낄 수 있었다. 가치 없는 물건에 공감 능력을 낭비하는 것은 인생의 힘을 헛되이 고갈시키는 것과 같다. 훌륭한 문학작품을 위해서는 지혜를 유지하고 절제해야 하듯이 세상 모든 일에서도 그렇게 해야 한다.

균형은 공감과 지식을 조절하는 것이다. 그러므로 균형을 위해서는 반드시 공감과 지식이 선행되어야 한다. 왜냐하면 공감과 지식이 없다면 우리가 조절할 수 있는 것은 육체밖에 남지 않기 때문이다. 그저 체조를 하거나 예절을 위해 자세를 바로잡기 위한 균형은 의식적이며 부자연스럽고 터무니없는 것이다.

높은 하늘 앞에서 그런 해괴한 짓거리를 벌이며 천사들을 울리는(이 문장은 셰익스피어의 희곡 〈자에는 자로 *Measure for Measure*〉 2막 2장에서 이사벨라가 하는 대사에서 인용한 것이다. like an angry ape, Plays such fantastic tricks before high heaven, As makes the angels weep; who, with our spleens, Would all themselves laugh mortal. 찰나의 권세를 걸친 오만한 인간은 자신이 유리처럼 부서지기 쉬운 존재라는 본질을 모르고 성난 원숭이처럼 높은 하늘 앞에서 온갖 해괴한 짓거리들로 천사들을 울린다-옮긴이 주) 사람들은 공감과 지식은 결여된 채, 균형만을 익히려는 사람들이다. 이들의 지식과 기술은 그저 팔과 다리를 어떻게 움직이느냐 하는 데만 국한되어 있다. 균형은 육체가 아니라 정신의 문제이며, 태도가 아니라 마음의 문제이다.

자연에 가까이 다가가서 지식을 얻어라.

그런 사람이야말로 인류에게 위대한 기여를 하는 사람이다.

공감과 지식은 적극적으로 활용해야 한다. 갖고 있는 것을 모두 줄 때, 우리는 공감과 지식을 점점 더 많이 얻을 수 있다. 신은 우리에게 공감과 지식이라는 고귀한 축복을 주었다. 우리가 이를 다른 사람에게 나누어 주는 것은 신에 대한 감사를 드리는 것과 같다.

현명한 사람들은
우리가 공감과 지식을 베풀 때에
비로소 정신적 자질을 얻을 수 있다는 것을
잘 알고 있다.

우리 스스로를 빛나게 하자.

가진 자는 얻을 것이다.
지혜는 쓰면 쓸수록 더 지혜로워진다.
그리고 마침내 무한에 비하면 너무나도
작은 인간의 지식과,
우리에게 주어진 원천에 비교하면
너무나 초라한 인간의 공감 능력은,
완벽한 균형을 통해
희생과 겸손을 진화시킬 것이다.

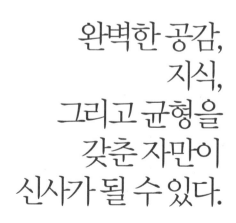

완벽한 공감,
지식,
그리고 균형을
갖춘 자만이
신사가 될 수 있다.

Love and Faith

우리는 어떻게 사랑해야 할까

사 랑 과 믿 음

결혼식 날 사랑이 가득 찬 분위기와 완벽한 신뢰 속에 온전히, 그리고 완벽히 빠져들지 않은 여인은 누군가의 아내가 될 자격이 없다.

결혼 관계에서 최고의 신성함은
그 순간 그녀의 영혼을 소유하는 것이다.
영혼을 주지 않는다면,
몸을 파는 것과 다를 게 뭐가 있겠는가.

남성과 여성은 서로가 동등해야 한다. 행복한 결혼을 위해서는 여섯 가지 필요조건이 있는데, 첫째는 믿음이요, 나머지 다섯은 확신이다. 남성에게 최고의 선물은 여성이 그에 대한 믿음을 갖는 것이다. 마찬가지로 남성이 여성에게 신뢰가 있다면 그녀에게 그보다 기쁜 일은 없다.

내가 만일 여성을 사랑한다면 나는 그녀의 가장 자그마한 바람에 따르기 위해서라도 마음을 다 바칠 것이다. 그녀가 오직 아름다움과 진실함, 그리고 올바름만을 열망한다는 완벽한 확신이 없다면 나는 그녀를 사랑할 수 없을 지도 모른다. 그녀가 이러한 이상을 깨닫는다면 그녀의 바람은 내게 신성한 명령이 될 것이다. 나에 대한 그녀의 마음가짐 역시 마찬가지이다. 누가 더 많이 사랑하느냐 하는 것이 우리 사이의 유일한 경쟁이 되고, 순종하고자 하는 열망은 우리 삶의 유일한 지배 욕구가 될 것이다.

우리는 주는 행위를 통해 자유를 얻는다.
그리고 신의信義를 주는 사람은 이자를 쳐서 돌려 받을 것이다.
사랑에서 흥정을 하려 들거나 계약을 맺으려 하다 간 사랑을 잃을 것이다.

결혼식 중간에 멈춰서 목사에게 '순종'이라는 말을 빼달라고 하는 여성은 처음으로 의심과 불신의 씨앗을 뿌려서 훗날 이혼법정에서 결실을 맺게 될 지도 모른다.

재산권이나 지참금을 놓고 벌어지는 흥정이나 다툼은 결국 불화와 금전문제로 점철된 결혼으로 이어지기 쉽다. 이러한 흥정이나 다툼은 고통과 괴로움, 수치로 이끌게 될 '숨은 경고'와도 같다.

완벽한 신의는 완벽한 사랑을 의미한다.

그리고 완벽한 사랑은 두려움을 물리친다.

강압에 대한 공포와 지배하고자 하는 의도는 늘 있으며,

그런 것들 때문에 여성은 흥정을 하고 싶어 한다.

이는 사랑의 부재이며, 제약이며, 무능력이다. 절대적이고 완벽하게 순종할 줄 아는 사람이야말로 진정한 사랑을 할 줄 아는 사람이다. 절대적이고 완벽한 순종을 멀리하고 두려워한다면 아나니아와 삽비라(Ananias and Sapphira : 사도행전에 나오는 부부로, 신에게 거짓말을 하여 목숨을 잃음-옮긴이 주)의 운명을 맞게 될 것이다.

운

명

은

신속 정확하다.

모든 것을 얻기 위해서는
모든 것을 주어야 한다.

20

우리는 어떻게 '공짜'의 진정한 의미를 알까

공 짜 로 주 는 것 의 대 가

Giving Something for Nothing

　　누군가에게 대가 없이 뭔가를 주면, 도움을 받은 사람은 자기 자신에게 불만족스러움을 느끼게 된다. 당신이 도와준 사람이 당신의 적이 되기도 한다. 자기 자신에게 만족을 느끼지 못하는 사람은 세상 전체에 만족을 느끼지 못한다. 결국 자신에게 대가 없이 뭔가를 준 사람에게조차 불만이 생긴다.

　　세상과의 싸움은 자기 자신과의 싸움이다. 하지만 사람들은 불행할 때, 다른 어딘가에서 비난할 대상을 찾아 자기 자신의 명예를 되찾고자 하는 성향이 너무도 강하다. 그래서 우리는 이 여자 혹은 저 남자의 잘못이라고 말하며 비난의 화살을 남에게 돌린다. 특히 여성들은 자신의 불행을 '그 남자' 탓으로 돌리곤 한다.

때로는 남자가 여자에게 대가 없이 너무 많은 것을 주는 것도 문제이다.

이러한 진실은 양면적이어서 어떻게 쓰느냐에 따라, 이쪽도 맞고 저쪽도 맞는 경우가 많다.

자신이 받아 챙길 권리에 대해 너무나 확고한 신념이 있는 자들은 거지들뿐이다. 많이 주는 사람, 즉 사랑을 많이 주는 사람은 흥정 따윈 하지 않는다. 독하게 흥정하고 요구하는 형태의 사랑은 잔고 없는 은행 수표를 얻는 것과 같다.

공 짜 로 주 면 반 드 시 대 가 가 따 른 다

공짜로 주는 것만큼 비싼 대가를 치르는 것은 없다.

내 친구이자 월 스트리트 동부와 미니에폴리스를 주름잡는 거장인 톰 로리Tom Lowry는 최근 내 견해를 입증해 주는 작은 경험을 했다.

체구가 건장하고 한물간 양반행색을 한 남자가

어느 날 성경을 들고 톰을 찾아왔다. 그 거지행색을 한 남자는 자신의 기구한 사연을 털어 놓으며 성경을 담보로 돈을 빌려달라고 요청했다.

성경이 이끄는 길에 푹 빠지면 강철 같은 마음도 녹일 수 있으리니!

톰의 마음도 녹아 내렸다.

톰은 담보도 필요 없다고 말하며 그 남자에게 돈을 빌려주었다.

딱 한 번, 신에 대한 믿음의 담보로 돈을 빌려 준 것이다.

몇 주 후, 그 남자는 잔인한 세상의 배은망덕함에 대한 기구한 사연을 갖고 또다시 톰을 찾아왔다.

톰은 그 남자에게 이렇게 말했다.

"제발 그 구슬픈 음악과 장황한 이야기는 그만 좀 하시구려. 내가 좀 곤란한 일이 있어서 말이죠. 지금 내게 필요한 건 웃음과 응원입니다. 이 돈 가져가시고, 제발 평안하시길 바랍니다."

"나으리께 곱절의 평화가 있기를 바랍니

다요"라고 대답하고 거지는 그 자리를 떠났다. 그러나 다음 달이 되자 그 남자는 또다시 톰을 찾아왔다. 그리고는 다시 잔인함과 부당함, 배은망덕에 관한 이야기를 늘어놓기 시작했다. 일을 처리하느라 눈코 뜰 새 없이 바빴던 톰은 무척 화가 나서 한 마디 했다. 그러자 그 거지가 이렇게 말했다.

"로리씨, 일을 조금만 더 체계화시킨다면 더 이상 개인적으로 찾아 와서 귀찮게 하지 않겠습니다. 그냥 회계 담당에게 한 말씀 하시면 안 될까요?"

자선을 생활화하던 톰은 안도의 한숨을 쉬며 버튼을 눌렀다. 회계 담당원이 그에게로 왔을 때 톰은 "이 남자를 급여명단에 넣어놓게. 그리고 매달 1일에 2달러씩 넣어주게나"라고 말했다. 그리고나서 톰은 거지에게 몸을 돌려 이렇게 말했다.

"이제 빨리 여기를 떠나 주세요. 어서 꺼져요. 어서! 망할 친구 같으니라고!"

"당신도 제발 그렇게 되길 바랍니다."

그 고약한 거지는 정중하게 말하고는 가버렸다.

이 모든 일은 2년 전에 일어났다. 그 거지는 1년 동안 한 달에 한 번 고정적으로 돈을 받았다. 그러던 중 회계장부에서 톰은 그 남자의 이름이 급여명단에 올라 있는 것을 발견했다. 톰은 어째서 그의 이름이 명단에 올라가 있는지 기억이 나지 않았다. 톰은 거지의 이름을 지우라고 명령했고, 엘리베이터지기에게는 거지들이 오거든 쫓아 버리라고 말했다.

톰을 만나는 것이 거절당하자, 그 거지는 톰에게 위협적이며 가증스럽고 모욕적인 편지를 보냈다. 그리고 마침내 그 거지는 소송의 성공 보수금으로 비용을 충당하기로 한 재거스 앤 재거스라는 법률회사에 그 사건을 맡겼다.

이 사건은 결국 재판으로 넘겨졌다. 원고 측 변호인은 톰의 장부를 보여주며, 그가 고소인을 벌레취급하며 아무런 제안이나 요청, 이유나 과실도 없이 급여명단에 있던 고소인의 이름을 지워 버렸다며 변호했다.

톰은 그제야 상황을 이해했다. 고소인은 판결에서 승리했고 비용도 벌었다. 그 거지는 돈을 받았으며 미니에폴리스의 톰은 경험을 얻었다. 톰은 자신이 비록 돈은 잃었지만 99년 치의 교훈을 얻었다고 말했다. 정의로운 영혼은 결코 잠들지 않는다. 그리고 자비와 현명한 섭리는 큰 인물들을 지켜줄 것이다.

21

우리는 어떻게 행복해질 수 있을까

일과 낭비

Work and Waste

지금부터 말하는 것은 자명한 진실이다.

사람은 행복해지기 위해서 태어났다.

행복은 유용한 노력을 통해서만 얻을 수 있다.
우리 자신을 돕는 최선의 방법은 다른 사람을 돕는 것이다.
때로는 우리 자신의 일에 묵묵히 집중하는 것이
다른 사람들을 돕는 최선의 방법이 되기도 한다.

유용한 노력이란 우리가 지닌 능력을 적절히 사용하는 것이다.
우리는 학습을 통해서만 성장한다.
교육은 평생 계속되어야 한다.

특히 나이가 많은 사람일수록
정신적 노력의 기쁨에서 위안을 찾아야 한다.
일, 놀이, 공부를 적절히 잘한다면,
마음은 최후까지 쓰러지지 않으며
죽음도 그다지 두렵지 않게 된다.
부를 얻는다고 해서

유익한 노동에서 벗어나서는 안 된다.
모든 사람들이 조금씩만 일한다면
과로로 시달리는 사람이 없을 것이다.
낭비하는 사람이 없다면
모든 사람들이 충분히 가질 것이다.

과식하는 사람이 없으면 굶는 사람도 없을 것이다.
가난하거나 문맹인 사람들만큼이나
부자와 지식인들도 교육이 필요하다.

인간을 상하계급으로 분류하는 것은
분명히 문명의 오점이자 폐단의 흔적이다.
피지배계급의 존재로 인한 불이익은
받드는 자가 아니라
받들어지는 자들에게 고스란히 돌아온다.
노예제의 진정한 저주가 노예를 소유한 자들에게
내려진 것처럼 말이다.

피지배 계급의 시중을 받는 사람은 다른 이들의 권리에 대해 제대로 된 사고를 하지 못한다. 그리고 그들은 시간과 물질을 소비한다. 낭비된 시간과 물질은 영원히 사라져 버린다. 사라져 버린 시간과 물질을 보상하기 위해서는 인간의 추가적인 노력만이 필요하다.

다른 사람의 노동으로 먹고 살면서 그 보답으로 자신의 능력을 최대한 발휘하지 않는 사람들이 있다. 이들은 그저 삶을 소비하고 있을 뿐이라는 점에서 식인종보다 하등 나을 바가 없다. 자연스럽게 살아가는 사람은 자신이 할 수 있는 한 최선의 일을 할 것이다. 하지만 유용한 봉사를 하는 데 있어 신분의 높고 낮음은 없다.

일주일 중 어느 하루만을 '신성한' 날이라고
정해 놓는 일은 참으로 부조리하며,
현재의 현실적 능력을 약화시킬 뿐이다.
모든 의무와 직무, 그리고 사물들은
인류를 신성하게 하는 데 필요하고 유용하다.
그 외의 어떤 것도 신성하지 않다.

The Law of Obedience

22

우리는 어떻게 순응의 참된 가치를 깨달을까

순 응 의   법 칙

● 　상식의 기준에서 으뜸은 바로 '순응'이다.
● 　마음을 다해 자신의 맡은 바 임무를 다하라.

때로는 저항이 필요할 때도 있다.

하지만 저항과 순응을 섞으려고 하는 사람들은 결국 자기 자신뿐만 아니라 자신과 관계가 있는 모든 사람들을 실망시킬 것이다. 일에 저항을 더하는 일은 결국 절대적인 실패만을 안겨 준다.

우리가 저항하고 반항하는 것은 모든 사람과 모든 것을 향해 "꺼지라!"고 말하는 것과 같다. 뿐만 아니라, 우리가 섬기는 사람들과 우리 자신을 완전히 분리시켜 오해의 여지없이 반항하는 자신의 입장을 공공연히 드러내는 셈이다.

하찮고 불공정하다고 느껴지는 일이 주어졌을 때, 진저리 치며 그 일을 그만두는 사람은 그나마 꽤 괜찮은 사람이다. 하지만 그런 잘못된 환경에서 겉으로는 웃으며 명령을 받아들이고, 뒤로는 거역하는 불평분자들이야말로 정말 위험한 사람들이다. 겉으로는 따르는 척만 하고 마음속으로는 반항심을 갖는다면 당연히 성의 없이 대충대충 일할 것이다.

만일 반항과 순응이 서로 동등한 힘이 있다면 동력은 중간에서 멈춰버린다. 결국 자기 자신뿐만 아니라 누구에게도 도움이 될 수 없다. 순응의 정신은 받아들이는 마음과 오픈 마인드로 충만한 지배적 충동이다. 주의해서 배의 키를 조종하며 항해하는 배와, 그렇지 않은 배가 있다고 생각해 보자.

배의 키에 주의를 기울이지 않고 항해하는 배는
얼마 지나지 않아 구멍이 숭숭 나고 말 것이다.
암초를 피하기 위해서는 지침을 잘 따라야 한다.

순응은 누군가에게
노예처럼 복종하는 것이 아니다.

순응은
상황에 따라
직접적인 말대답이나
무언無言의 불평 없이
그 일을 하는
긍정적인 정신 상태를 말한다.

단체에 순응하는 것이 바로 충성심이다. 순응하는 법을 배우지 못한 사람은 어딜 가든 어려움이 뒤따를 것이다. 세상에 앙심을 품으면 세상도 그 사람에게 지속적인 앙심을 품기 마련이다.

        명령을 받아들일 줄 모르는 사람은 다른 사람에게 명령하기에도 적합하지 않은 사람이다. 반면, 자신에게 주어진 명령을 실행하는 방법을 잘 아는 사람은 명령도 더 잘 내릴 줄 아는 사람이다. 명령을 더 잘 내리기 위해서는 미리 준비하고 노력해서 다른 사람이 그 명령에 잘 따르도록 만든다.

Society's Saviors

23

우리는 어떻게 같은 실수를 반복하지 않을까

사 회 의 구 원 자

지금껏 늘 우리는
인류의 구원자들을
도둑들 사이에서 함께
못을 박는 어리석음을 저질러 왔다.

다시 말해, 인간은 구원자가 도둑과 마찬가지로 매우 위험한
자질이 있다고 보았다.

덕분에 구원자의 삶은 갑작스러운 종말을 맞이하곤 했다.

우리는 발달된 기술문명이 있는데도

아직 정신의 영역을 여행하지는 못하고 있다.

또 우리는 X-레이 기술이 있지만
사물의 본질에 대한 영감을 꿰뚫어 보지는 못한다.

인간은 너무나 무디고 우둔하고, 영적 상상력이 부족하며, 어리석었다. 그리하여 돌이켜볼 때 도둑과 독생자 예수 그리스도의 차이도 알지 못했다.

인생의 무의미와 공허함을 잊기 위한 처절한 노력으로

인간은

주사위 게임이나

카드 게임

또는 티들리윙크스(작은 원반을 튕겨 컵 속에 넣는 놀이-옮긴이 주)

같은 놀이 속에서

자신을 잊고

위안과 안정을 찾는다.

우리는 사회 지도자들이 매우 중요한 문제를 해결하기 위해 회의를 개최한다는 내용이 담긴 번쩍이는 헤드라인과 그럴듯한 사진을 보고 듣는다. 이들이 논의하는 중요한 문제란, 공업학교를 설립해 현실적이고 유용한 교육 수단을 제공하는 일일까. 아니면 첨단 시설과 청결을 갖춘 현대적인 공동주택을 설립하는 계획일까. 혹은 인간의 지식을 더하고 인류에게 혜택을 주는 다양한 종류의 과학적 연구를 위한 기금을 제공하기 위한 것일까.

미안하지만 이들 중 어느 것도 아니다. 이 단체는 특정 불독의 구부러진 꼬리의 모양새가 자연적인 것인지, 인공적인 연출인지 결정하기 위해 모였을 뿐이다.

오늘날 구원자가 나타나
　　그가 예전에 설파했던 것과 동일한 진리를 설파한다면
　　어떤 일이 벌어질까.

　　인류는 과거의 경험을 되풀이할 것이다.
　　우리 인간은 멍청하게 눈을 껌벅이며 이렇게 외칠 것이다.

"저 자를 쫓아내라!"

또는 분개와 불쾌함이 무르익어
결국 창으로 구원자를 심하게 찔러댈 때까지 방치할 것이다.

인류를 깊이 사랑하는 여성에게는 "그녀를 십자가에 매달아
라!"라는 오직 한 가지 판결만이 내려질 것이다. 가장 뛰어난
자는 가장 나쁜 자들과 함께 나무에 매달릴 것이다.

성역에 다가갈 수 있는 신적 자질을 갖춘 위대한 사랑을 품고
있다 하더라도,
그 사람이 규범을 따르지 않는다면
결국 인정사정없이 내몰리고 말 것이다.

그리고
예수를
처형한
빌라도처럼

우리 모두는
책임을 벗고
결백해지고자
손을 씻을 것이다.

24

우리는 어떻게 내일을 준비해야 할까

노 년 을 위 한 준 비

Preparing for
Old Age

소크라테스는 제자에게 이런 질문을 받았다.

"우리가 엘리시움(그리스 신화에서 선량한 사람들이 죽은 후에

사는 곳-옮긴이 주)에 도달하면 어떤 사람이 될까요?"

그러자 소크라테스는 이렇게 대답했다.

"지금 여기 있는 사람과 똑같은 사람이 될 것이다."

만일 내세가 있다면 우리는 지금 준비해야 한다.

마찬가지로 내일을 위해서는 오늘 준비해야 한다.

우리는 내일 어떤 사람이 될까?

물론 지금 이 순간과 똑같은 종류의 사람이 될 것이다.

그리고 이번 달에 어땠는지에 따라
다음 달에 있을 사람이 결정된다.

만일 오늘 하루를 비참하게 보냈다면
내일
미칠 듯이 행복할 가능성은 거의 없다.

천국은 습관이다.

그리고 만일 우리가 천국으로 가고자 한다면,
천국에 점점 더 익숙해져야 한다.

삶은 미래를 위한 준비이다.
미래를 위한 최선의 준비는
지금 이 순간이
생의 마지막인 것처럼 사는 것이다.

우리는 언제나 노년을 준비하고 있다.
노년을 아름답게 만드는 두 가지가 있다.
첫 번째는 감수하고 받아들이는 마음이요,

두 번째는 다른 사람의 권리에 대해 정당하게
고려하는 것이다.

우 리   자 신 의   모 습 일 지 도   모 를
폭 군   이 반 의   교 훈

〈폭군 이반*Ivan the Terrible*〉은 황제 이반을 중심으로 하는 희곡
이다. 리처드 맨스필드(Richard Mansfield : 1857~1907, 영국의 극단 책임자이
자 배우-옮긴이 주)는 이반이라는 인물을 다른 누구도 해내지 못할 만
큼 멋지게 연기했다.

우리는 어리석음과 심술, 이기심과 불평의 집합체인 한 폭군
의 삶을 이 연극을 통해 볼 수 있다. 심지어 이 폭군은 다른 사람을
죽일 수 있는 권력이 있었고, 변덕과 난폭한 성격대로 남에게 이래
라 저래라 명령을 내렸다. 그는 늘 앙심을 품었고, 잔인하고, 툭하면
싸우려 들었다. 심지어 그는 폭압적이며 끔찍한 인간 그 자체였다.

그는 죽음의 향기를 느낄 때쯤에서야 비로소 신과 함께 평화
를 찾으려 한다.

하지만 모든 것은 이미 늦었다.

그는 자신이 평생 노년을 준비해 오고 있었다는 사실을
젊은 시절과 중년에는 미처 깨닫지 못했던 것이다.

인간은 인과관계의 결과물이다.

그 결과의 상당 부분은 우리 손에 달려 있다.

삶은 유동적인 것이어서 우리는 종종 '삶의 흐름'이라는 표현
을 쓴다. 우리는 모두 둥둥 떠서 어디론가 가고 있는 셈이다.

망토를 입고 왕관을 쓴 황제 이반을 파헤쳐 보자.

사실 그는 에벤에셀(이스라엘의 아벡 근처 에브라임의 한 마을-옮긴
이 주)에 사는 늙은 농부일 수도 있다. 모든 도시와 마을마다 저마다
의 이반이 존재한다. 이반이 되기 위해서는 자신의 힘이 미치는 누구
에게나, 또는 어떤 것에나 있는 대로 성질을 부리고 잔인함을 행사
하면 된다. 그리고 그 결과, 늘 불평하고 걸핏하면 싸우려 들고, 날이
서 있고, 건방지며 호들갑스러운데다, 어리석으며, 분노 섞인 말투로
소리나 꽥꽥 질러 대는 무능하고 도움이 될 데라고는 전혀 없는 늙
은 노인의 삶이 기다리고 있을 것이다.

울화통과 짜증은 유아기의 전유물만은 아니다. 〈리어 왕〉과 〈폭군 이반〉의 등장인물들은 상당 부분 공통점이 있다. 리어 왕은 자신의 딸들에게 내쳐짐으로써 청중들의 동정심을 이끌어 낸다. 하지만 〈폭군 이반〉의 작가는 〈리어 왕〉이라는 작품이 억지스러운 동정심을 이끌어 내는 부조리하고 불완전한 작품이라고 느꼈을 것이다.

끊임없이 혀를 나불대며 저속한 말을 해대고, 명성에 먹칠을 하는 골칫덩어리 리어 왕은 사실 우리에게 동정 받을 가치가 없는 인물이다. 리어 왕은 평생 동안 자신이 딸들에게 정확히 그런 대우를 받아 마땅하도록 세 딸들을 가르쳤다. 그가 평생 동안 해온 일 때문에, 그는 결국 무시무시한 한밤의 폭풍우 속으로 내쳐지게 된 것이다.

"은혜를 모르는 자식은 뱀의 이빨에 물리는 것보다 더 고통스럽도다!"

그는 이렇게 외친다.

하지만 은혜를 모르는 자식만큼이나 나쁜 것이 있다.

그것은 바로 욕설을 남발하고, 격분하고 화를 잘 내는 은혜 없는 부모이다.

〈리어 왕〉의 오류는 리어 왕에게 코델리아 같은 착한 딸이 있다는 점이다. 〈리어 왕〉보다는 차라리 톨스토이와 맨스필드가 더 타당하게 느껴진다. 〈폭군 이반〉은 일말의 옹호와 변명, 해명 없이 그 인물의 진짜 모습을 그린다. 만일 이런 연극이 마음에 안 든다면, 부디 오락 공연이나 보러 가길 바란다.

'뿌린 대로 거둔다'는 삶의 진리를 잊지 말자

맨스필드가 그려·내는 이반은 끔찍한 인물이다. 이 황제는 일흔도 채 되지 않았지만, 관객들은 죽음이 그를 바싹 추적하고 있다는 것을 느낄 수 있다. 이반은 평온함이라는 힘을 잃어버렸다. 그는 다른 사람 말을 듣지 않고, 자기가 생각한 대로 결정한다.

그는 다른 사람이나 다른 그 어떤 것에도 깊이 있는 생각이나 숙고 따위는 하지 않는다. 이런 삶의 태도는 그의 습관이다. 깡마른 손은 결코 가만히 있는 법이 없다. 그는 손가락을 늘 접었다 폈다 하고, 뭔가를 끝없이 잡아당긴다. 그는 가슴의 십자가를 만지작거리고,

장신구를 더듬거리고, 산만하게 손가락이나 발로 계속 뭔가를 두드려대다 초조하게 벌떡 일어서서는 왕좌 뒤를 쳐다보다가 숨죽이고 뭔가에 귀를 기울인다.

사람들이 그를 대할 때 무릎을 꿇고 있으면 맹렬한 저주를 퍼붓고, 서 있으면 존경심이 부족하다며 비난한다. 그는 나라를 염려하는 마음으로부터는 자유롭길 원하면서, 국민을 공포로 떨게 하는 일은 철석같이 지킬 것이다. 고문관들이 그에게 러시아의 지도자로 남아 주기를 요청하자, 그는 고문관들이 자기들도 참기 힘든 무거운 짐을 지우려 한다며 이들에게 저주를 퍼붓는다.

그는 지금 당장은 늙은 희생자일 뿐이지만, 만일 맨스필드가 한 단계 더 나아갔다면 그의 사실성은 더 지독하게 표현되었을 것이다. 하지만 맨스필드는 지나치지 않은 수준에서 멈추고 그가 감히 표현할 수 없었던 내용을 암시한다. 쓰러질 듯 비틀거리고 침 흘리며 흐느끼는 이 늙은 남자는 사랑에 빠져 젊고 아름다운 소녀와 결혼하기로 한다. 그는 그녀에게 줄 보석을 고르면서 그녀의 아름다움과 웃음이, 찢어질 듯한 비명 속에서는 어떻게 변할지 언급한다. 젊은이의 야수성은 자연스럽고 유쾌함이 있지만, 늙은이의 악덕은 그저 미치광이 짓에 불과하며 극도로 역겹다.

그는 여전히 절대적인 전제군주이다. 그렇기에 이반 주위의 사람들은 그에 대한 극심한 공포심을 느낀다. 그는 자신들을 진급 또는 실각시키고, 죽이고 살릴 힘이 있었다. 그들은 이반이 웃으면 따라 웃었고, 그가 울면 같이 울었으며, 그의 기분 변화에 따라 천국과 지옥을 오가듯 가슴이 널뛰었다.

그는 극도로 종교적이어서 성직자의 망토나 두건을 쓰고 자신을 치장했다. 그의 목에는 늘 십자가상이 걸려 있었고, 참회와 용서의 기회 없이 죽음을 맞게 될까 전전긍긍했다. 그는 매 순간 하늘에 기도하며 십자가에 입 맞추었다. 그리고 늙어서 이가 모두 빠져버려 축 처진 입술로 오물거리며 신에게 기도를 올리다가도 느닷없이 인간에 대한 저주를 퍼부어 대곤 했다.

누군가 이반에게 이야기를 한다면, 그는 그 사람을 쳐다보지도 않고, 왕좌에 기대 앉아 다리를 긁으며 끊임없이 욕설을 내뱉을 것이다. 이런 장면은 비극을 완화시켜 주는 희극적 측면이며, 이러한 희극적 요소가 극의 역겨움을 막아준다.

폭군 이반의 변덕스러운 고백을 통해 우리는 그의 과거를 들여다 볼 수 있다. 과거를 통해 본 그는 가장 비참하고 가장 불행한 인간이었다. 우리는 그가 결국 자신이 뿌린 대로 거두었다는 사실을 알게 된다.

그의 인생 전체는 결국 이러한 노년을 준비해 온 셈이다.

하루하루의 삶은 다음 날에 대한 준비이다.

이반은 그의 가족과 궁중에 저주를 퍼부으며 분노 속에서 죽음을 맞는다. 또한 그는 감정 폭발이 이 쇠약한 군주를 확실히 죽일 것이라는 걸 알고 있는 한 남자의 조롱과 비웃음 속에서 분노하며 죽음에 이른다.

죽음이 그의 눈을 감겼을 때, 폭군 이반은 어디로 갔을까?

물론 답은 알 수 없지만 내가 믿는 바는 이러하다. 어떤 고해 성사도 그에게 무죄를 선언할 수는 없다. 어떤 성직자도 그에게 은혜를 베풀지 못할 것이며, 그 어떤 신神도 그를 용서하지 않을 것이다. 그는 늘 자기 자신을 저주했고, 그 시작은 어린 시절부터였다. 그는 평생 동안 자신의 노년을 준비해 왔으며, 그의 노년은 그의 종막을 준비하고 있었다.

아 름 다 운 삶 으 로 가 는 길

　　물론 〈폭군 이반〉을 쓴 극작가는 대놓고 이런 말을 하지 않았고, 맨스필드 역시 그랬다. 하지만 여기서 얻을 수 있는 교훈은 다음과 같다.

증오는 독약이며 분노는 독소이다.

　　호색을 탐하는 자는 죽음으로 이끌어질 것이며

　　이기심을 탐하는 자는 지옥의 불을 맛볼 것이다.

　　이 모든 것은 하나의 준비이며 인과관계이다.

　　우리가 단 한번이라도 용서받을 수 있다면

　　우리는 우리 자신을 용서해야 한다.

　　다른 누구도 우리를 용서할 수 없기 때문이다.

　　그리고 그 시작은 빠르면 빠를수록 좋다.

우리는 이따금씩 노년의 아름다움에 대한 이야기를 듣는다.

　　하지만 아름다운 노년은

　　오랫동안 아름다운 삶을 살면서

인생의
서른 가지
질문에 대한
해답

노년을 준비해 온 자만이

얻을 수 있다.

우리 모두는 지금 이 순간에도 노년을 준비하고 있다.

이 세상에는 대자연의 섭리를 대체할 만한 것이

있을 지도 모른다.

하지만 나는 어디서 그런 것을 찾을 수 있을지는 모르겠다.

늘 기분 좋고 친절하게 사는 것

.

.

.

이것이 바로

아름다운 삶의 결실을 위한 비결이다.

25

우리는 어떻게 건강을 지킬 수 있을까

자 연 과 의 동 맹

●●●●●

An Alliance with

우리 아버지는 의사로서 거의 평생 65년 동안 의술을 펼쳐 왔고, 아직도 진료를 하고 계신다. 그러나 이런 유능한 의사가 바로 옆에 있는데도 나는 스스로가 나 자신의 주치의를 자처한다. 나는 쉰살이고 아버지는 여든 다섯 살이다. 우리는 같은 집에 살며 매일 함께 승마를 하거나 오랫동안 숲길을 산책한다. 오늘도 우리는 들판을 가로질러 8킬로미터 남짓한 거리의 짧은 여행을 다녀왔다.

나는 살아오면서 지금껏 단 하루도 아파 본 적이 없다. 의사와 전문적으로 상담한 적도 없다. 게다가 음식을 먹지 못해 식사를 거른 적도 없다.

그동안 아버지와 나는 삶의 모든 주제에 대해 의견이 서로 완전히 일치되는 적은 없었다. 매번 다른 색깔의 생각들이 부딪혔기에 우리는 결코 따분한 대화로 이어가진 않았다. 참고로 아버지는 침례교도이고, 나는 채식주의자이다. 이따금씩 아버지는 나를 '풋내기'라고 놀리곤 했다. 우리는 매일 자신의 가설을

Nature

입증하기 위해 논리적으로 뒷받침할 거리를 찾았다. 그래서 분주하게 역사책을 뒤적여야 했다. 하지만 묘하게도 다음과 같은 중요한 문제에 대해서는 아버지와 나는 한 사람처럼 의견을 같이 했다.

첫째,

내과 의사를 찾는 사람의 100명 중 99명은 기질성 질환이 없으며,

단지 자신의 무분별한 행동으로 인한 증상 때문에 고통 받는다.

둘째,

병이 있는 사람들 중 열의 아홉은 단지 약의 부작용 때문에 고통 받는다.

셋째,

이러한 이유로 우리는 다음과 같은 명제를 얻었다.

현명한 자연은 유익한 경고를 주기 위해 우리 몸에 특정한 증상들을 일으킨다. 약물치료는 병 그 자체가 아니라, 이러한 경고성 증상들을 약화시키거나 없애버림으로써 오히려 병을 더 키우거나 또 다른 질병을 만들어낸다.

과거에 의사들은 증상에 대한 처방만을 해왔다. 일반인들은 사실 실제 질병과 증상의 차이에 대해 알지도 못한다.

특이하게도 모든 내과의사들 스스로도 여기에 대해 동의하고 있다. 다시 말해, 내가 여기서 말하는 내용은 지극히 뻔하고 진부하며 일반적인 이야기이다. 지난 주, 버팔로의 저명한 외과의사와 대화를 나누던 중 그는 이런 말을 했다.

"나는 지금까지 1,000건이 넘는 개복수술을 했는데, 기록에 따르면 일부 사고를 제외한 모든 사례에서 환자들은 비첨 알약(토마스 비첨의 제약회사에서 만든 알약-옮긴이 주)을 상습적으로 복용해 오던 사람들이었습니다."

병원 대기실에서 기다리는 사람들을 살펴보면 습관적인 과식으로 괴로워하는 사람들이 대부분이다. 이와 관련되어 호흡 곤란이나 수면 장애, 운동 부족, 흥분제의 부적절한 사용 혹은 공포심, 질투 및 증오 등의 나쁜 결과가 나타나게 된다. 이 모든 것들 혹은 이 중 일부는 많은 사람들에게

열이나 감기,

공포증,

충혈과 배설 장애를 일으킨다.

자 연 이 야 말 로   진 정 한   의 사 이 다

'복수심'에 가득 차 있고, 신선한 공기를 제대로 못 쐬고 영양실조까지 걸린 사람에게 약물을 투여하게 되면 증상을 더 악화시킬 뿐만 아니라, 병을 질질 끌게 되어 결국 수술대에 오를 것이다.

자연은 언제나 사람들을 건강하게 만들기 위해 노력한다.
그리고 우리가 '질병'이라고 부르는 것의 대부분은
그저 몸과 마음이 안정되지 못한 것일 뿐이다.
대부분의 경우는 특별히 심각한 병이 아니기에 저절로 완치
되곤 한다. 따라서 건강을 지키려면 다음 규칙을 따르면 된다.

식욕이 있다면 너무 많이 먹지 않으면 되고,
식욕이 없으면 굶으면 된다.
모든 일에 무리를 하지 말며 적절히 조절하고,
신선한 공기를 마시고 햇볕을 쐬는 일을 잊지 마라.

전도서에서 강조하는 것 중 하나가 '절제'이다. 또한 부처는
말 중에서 가장 위대한 말은 '평정'이라 했다. 윌리엄 모리스(William

Morris : 1834~1896, 영국 출신의 화가이자 공예가, 건축가, 시인, 정치가, 사회운동가-옮긴이 주)는 인생에서 가장 좋은 축복은 계획적이고 '유용한 일'이라 했다. 사도 바울은 세상에서 가장 위대한 것은 '사랑'이라 했다.

절제와 평정,
일과 사랑이 있다면
내과의사는 필요치 않다.

내가 말한 명제는 모든 내과의사들 역시 동의하고 있는 사실이다. 의학의 아버지인 히포크라테스도 그렇게 말했고, 고대 그리스 철학자였던 에픽테토스 역시 그 점을 강조했다. 건강에 대한 이 진리가 에픽테토스의 제자였던 위대한 로마 황제 마커스 아우렐리우스에게도 전해졌다. 그 이후 생각이 있는 지혜로운 사람이라면 건강을 지키기 위해 무릇 알고 있는 진리가 바로 절제와 평정, 그리고 일과 사랑이다!

26

우리는 어떻게 말썽쟁이들을 새사람으로 만들까

전 과 자 들

The Ex. Question

　　말은 때로는 더럽혀지고, 더럽혀진 말은 평판이 떨어져 결국 폐기되곤 한다. 엘리자베스 프라이(Elizabeth Fry : 1780~1845, 영국의 사회 개혁가. 감옥 개량을 위해 노력하고 간호사 교육 사업을 추진했다-옮긴이 주)가 '정신병동asylum'이라는 말을 사용하기 전까지, 영국에서는 정신병동을 공식적으로 '미치광이집mad-house'이라고 불렀다. 미국 일부 주에서는 지난 20년 동안 '정신병동'이라는 말을 폐기하고 '병원'이라는 명칭으로 대체해 오고 있다.

인디애나 주 제퍼슨빌에서는 감옥소라고 부르던 시설을 몇 년 전부터 '교정시설Reformatory'이라 바꾸어 부르고 있다. '감옥prison'이라는 말은 우울한 느낌을 주고, '회개소penitentiary'라는 말은 종교적 느낌을 주기 때문에 이 단어들은 곧 사라질 것이다. 범죄자에 대한 우리의 생각이 바뀜에 따라 어휘도 바뀌게 된다.

몇 년 전, 귀가 들리지 않고 말을 못하는 사람들을 위한 병동을 만들자는 이야기가 나온 적이 있다. 요즘 '농아'라는 단어는 미국의 모든 주의 공식 문서에 지겹도록 등장하는 용어이다. 그 이유는 가드너 G 허버드(Gardner G. Hubbard : 1822~1897, 미국의 변호사, 금융업자, 자선가-옮긴이 주) 덕분에 귀가 들리지 않는 사람이라고 해서 무조건 말을 못하거나 장애가 있는 것은 아니라는 사실이 밝혀졌기 때문이다. 그렇기 때문에 이들에게 필요한 것은 병동이 아니라 학교라는 인식이 생겼다. 덕분에 미국 전역에서 귀가 안 들리는 사람들을 위한 학교가 설립되고 있다. 귀가 들리지 않는 사람도 일반인들과 마찬가지로 능력이 있고, 정직한 삶을 충분히 살아 갈 수 있는 사람들이다.

'부정기형indeterminate sentence'은 형벌학에서 가장 현명한 방편 중 하나이다. 우리 세대는 이 멋진 제도의 최초의 수혜자가 되었다. 1년에서 8년 사이의 형을 받은 범죄자가 얌전히 규칙을 잘 따르고 유용한 인물이 될 의지를 보인다면 1년이 지난 후에 가석방이 될 것이라는 의미를 담고 있다.

만일 죄수의 행실이 좋지 못해 자유를 주기에는 부적합하다고 판단되면, 그는 2, 3년 더 교도소에서 살 테고, 그러다 결국 8년 형기를 꽉 채울 수도 있다. 나는 제퍼슨빌의 교도소 담장 앞에서 꽃을 가꾸고 있는 한 재소자에게 몇 년 동안 이곳에 있었는지 물었다.

"저요? 14년형을 받았고, 지금까지 이곳에 2년 동안 있었답니다."

그가 씩 웃으며 대답했다.

과연 '더 나은 사람'으로 돌아올 수 있을까

올바른 행동을 했을 때 매년 두세 달의 형기를 감해주는 '형기 단축short time'은 바람직한 조치이긴 하지만, 초범자에게는 '부정기형'이 곧 일반화될 것이다.

부정기형은 구금 기간에 대한 책임을 죄수 스스로에게 떠안겨서 죄수들에게 희망을 주는 동시에 교도소 생활의 공포를 누그러뜨린다. 죄수는 형기 단축을 늘 염두에 두고, 형기 단축에 해가 될 만한 짓을 하지 않도록 매우 조심한다. 교도소 내에서 반란을 일으키거나 탈옥을 시도했다가는 자신에게 부과된 형기를 꽉 채우는 결과를 초래할 것이다.

덕분에 가장 어리석고 냉혹한 사람일지라도 옳은 행동에는 보답이 따른다는 사실을 깨닫게 된다. 이는 과거에는 단 한 번도 없었던 방식으로 재소자들에게 뼛속까지 깊은 교훈을 안겨 준다.

과거에 사업가들은 전과자들의 전과 기록 때문이라기보다는 그들의 무능함 때문에 전과자들을 채용하는 것을 꺼려했다. 죄수들은 침묵제(교도소에서 죄수들에게 침묵을 의무화하는 제도-옮긴이 주) 탓에 늘 억눌렸으며, 발맞추어 걷는 방식의 밀집 행진으로 몸이 기형화되었다. 또한 잔인한 처우로 신체에 마비가 왔으며, 자신이 범죄자라는 사실을 끊임없이 되새김질해야 했다.

이 같은 교도소 방식 때문에 죄수들은 극도의 혐오감과 우울함에 사로잡혔고 늘 겁에 질려 있었다. 이는 죄수들뿐만 아니라 교도관, 그리고 사회에도 좋지 못한 결과를 가져왔다. 설사 정신이 똑바로 박힌 사람이라도 그런 식의 대우를 받다간 일 년도 채 되지 않아 말없고 교활하며 도덕적으로 비뚤어진 사람으로 바뀌어 버리고 말 터였다. 당연히 교도소에서 막 출소한 사람들은 아무것도 하지 못했다. 이들은 끊임없는 감시와 감독이 필요했으며, 누구도 그들을 고용하려 들지 않았다.

하지만 오늘날의 전과자들은 브록웨이(Zebulon Reed Brockway :
1827~1920, 교도소 개혁가-옮긴이 주)와 그 외의 몇몇 사람들 덕분에 줄무
늬 죄수복을 입고 출소한 1870년대의 전과자들과는 처지가 전혀 다
르다.

우리는 그들 자신과 사회를 위해 죄수들을 억압해야 하지만,
사람 자체를 처벌해서는 안 된다. 통제하고 제한하는 것만으로도 충
분한 처벌이다. 우리는 사람이 죄 때문에 처벌받는 것이 아니라, 죄
그 자체로 처벌받는다고 믿는다. 죄를 지은 사람들을 교정 학교에
보낸다면 노력과 희망을 통해 그들은 더 나은 사람이 되어 사회로
복귀할 것이다.

린제이 판사(Benjamin Lindsey : 1869~1943, 미국의 판사이자 사회개혁
가-옮긴이 주)는 소년들을 감독관이나 감시원 없이 교정 시설로 보낸
다. 이 소년들은 수감 서류를 들고 자진해서 교정 시설로 가서 문을
두드린다. 교정 시설에 가는 소년은 린제이 판사를 마치 친구처럼 생
각하게 된다. 또한 자유가 제한된 곳에서 자신이 더 나은 사람이 될
수 있기 때문에 교정 시설에 간다고 인식한다.

그 소년이 수감서류를 받아들인 순간, 이제 그는 더 이상 사
회와 법무기관의 반대편에 서 있는 것이 아니다. 소년은 이제 감옥
으로 가는 게 자신에게 최선의 길이라는 사실을 믿는다. 그리고 이제

소년에게 그곳은 감옥이 아니라, 시간과 돈을 절약하고 유용한 사람이 되는 방법을 배울 수 있는 학교가 된다.

말썽쟁이에게 기회를 준다면 달라질까

다른 이들이 우리를 위해 일한다면, 우리도 그들을 위해 일해야 한다. 소년은 학교에서 이 같은 최상의 교훈을 얻게 된다. 다른 사람을 돕는 일이 곧 우리 스스로를 돕는 길이다.

자, 그렇다면 생각해 보자. 누군가가 직접 수감 서류를 갖고 홀로 감옥을 찾아갔다면, 그를 울타리 안에 잡아 가두고 무기로 무장한 교도관들이 감시하는 것이 옳은 일일까?

인디애나 주 제퍼슨빌의 휘태커 교도원장은 "그렇지 않다"고 말한다. 그는 10년 내에 높은 감옥의 담장과 장전된 총이 사라질 것이라 믿는다. 또한 우리는 정신병동의 창살이 치워졌듯이, 감옥의 철창들도 상당 부분 사라질 것이라 믿는다.

교정 시설에서 유치장은 한동안 필요하긴 하겠지만, 침묵제나 밀집행진, 그리고 줄무늬 죄수복이 과거의 기억 속으로 사라진 것처럼 높은 담장은 언젠가는 사라져야만 한다.

제퍼슨빌의 교정 시설에 있는 다섯 명 중 네 사람은 강제 수용이 필요하지 않은 사람들이다. 이들은 설사 교도소 담장이 무너지고 문을 걸어 잠그지 않더라도 도망치지 않을 것이다. 그곳에서 내가 만난 한 젊은이는 집행유예를 거절하고 직업기술을 배울 때까지 그곳에 남기를 원했다. 그런 정신적 태도를 가진 사람은 비단 그뿐만이 아니었다.

　　일반 감옥에 갇힌 사람들은 미국 군대에 입대한 군인들과 거의 비슷하다. 군인들은 탈영을 매우 심각한 범죄로 인식하고 있다. 그렇기 때문에 군인들은 갇혀 있지 않고, 높은 담장에 둘러싸여 있지 않아도 탈영하지 않는다.

　　조지 주니어 리퍼블릭은 울타리도 순찰도 없고, 그저 소년들이 사는 단순한 농장이지만 사실 형무소 시설이다. 소녀들의 기숙학교는 입소자들이 경비를 대동하고 외출하는 것이 관행이며, 허가증 없이는 함부로 나갈 수 없다. 미래의 감옥은 이런 소녀들의 기숙학교와 그리 다르지 않을 것이다.

　　사회가 변함에 따라 범죄자에 대한 생각도 변하고 있다. 범죄자 계층을 주장한 막스 노르다우(Max Nordau : 헝가리의 소설가, 평론가, 의사-옮긴이 주)는 그의 논거의 타당성을 입증하지 못했다.

　　범죄자 계층이란 존재하지 않는다. 혹은 그 문제에 대해서라면, 우리 모두는 죄인이다. "나는 모든 범죄를 저지를 능력이 있다"고 에머슨은 말했다.

죄를 저지르는 사람은 모두 나쁜 환경의 희생자들이다. 부커 워싱턴(Booker Washington : 1856~ 1915, 미국의 교육자, 작가, 연설가, 흑인 사회 지도자-옮긴이 주)은 흑인이 원하는 것을 갖고, 하고 싶은 일을 할 수 있을 때 인종 차별과 인종 문제는 사라질 것이라고 했다. 전과자들도 마찬가지이다. 전과자들이 세상에 도움이 되는 모습을 보여준다면 세상은 그를 피하지 않고 받아들일 것이다. 휘태커 교도원장이 누군가를 출소시켰다면 이는 그 사람이 유능하며 기꺼이 사회에 봉사할 수 있을 것이라는 증거이다.

하지만 전과자들은 엘리트 모임이나 기도회에서는 냉대를 받기 마련이다. 전과자들은 낮에는 종일 일하고, 저녁에는 도서관에서 마음의 양식을 채우며 시간을 보내는 편이 안전하다.

내가 만일 전과자라면 나는 자선사업소나 상류사회 모임, 박

애주의 모임 따위는 거들떠도 보지 않을 것이다. 또 나는 선량한 전문가들 혹은 전문적으로 선량한 척 하는 사람들 근처에는 얼씬도 하지 않을 것이다.

이들은 가난한 사람들을 가르치려 들고 소위 범법자들에게는 침을 뱉으며, '좋은' 사람들과 '나쁜' 사람들 사이에 확연한 선을 그으려 드는 사람들이다. 당신이 일할 수 있고, 기꺼이 일할 의지만 있다면 사업가들은 그런 선을 긋지는 않을 것이다.

그러니 일을 찾고 그 일에 최선을 다해 매달려라. 재소자들이 사회에 도움이 될 수 있다는 가르침을 받고, 처벌받거나 무시당하지 않으며, 기회를 얻을 수 있는 교정기관의 도움을 받기만 한다면 고용주들과 전과자들은 모두 재빨리 적응할 것이다. 내 마음은 가난한 말썽쟁이에게 기회를 주는 사람에 대한 공감으로 가득하다. 나역시도 가난한 말썽쟁이이니 말이다.

The Serg

27
우리는 어떻게 꼭 필요한 사람이 될까

하 사 관

eant

미국의 한 육군 대령이 최근 내게 비유해서 말하길, 가장 가치 있고 가장 큰 책임감을 가진 직급은 하사관이라고 했다. 진정한 하사관은 만들어지는 것이 아니라 태어나는 것이며, 신의 소중한 선물과도 같다. 그는 무척이나 소중하기 때문에 승진도 사임도 허락되지 않는다.

만일 그 하사관이 급여에 불만을 품는다면, 중위, 대위, 대령 등이 직접 나서서 손을 쓴다. 이들에게는 그 하사관을 잃어버려도 될 만큼 여유가 없다. 그는 진정한 가치를 지니고, 진품과도 같은 매우 소중한 사람이기 때문이다.

이런 사람이 되기 위한 필수 조건은 조직의 그 누구보다도 실력이 뛰어나야만 한다는 점이다. 이등병이 술에 취해 중위에게 앞뒤 가리지 않고 욕설과 비난을 퍼붓는다 할지라도, 중위는 여기에 대응해서는 안 된다.

중위는 그 부하에게 주먹을 날려서도, 욕을 해서도 안 된다. 대신 유능한 하사관이 좀 더 절제된 말과 행동으로 이 상황을 깔끔하게 정리할 것이다. 설사 이 술 취한 이등병이 장교에게 주먹질을 한다 하더라도 장교는 똑같이 주먹질로 맞서서는 안 된다.

흔히 욕을 하는 사람은 주먹까지 휘둘러 난투극으로 변하기 쉬운데, 이럴 경우 장교는 총을 빼 드는 상황이 발생할 수도 있다. 하지만 총이 있다고 해서 함부로 총질을 했다간 추후에 곤욕을 치르게 되고, 심지어는 계급장을 떼야 할 수도 있다. 그러니 훌륭한 장교라면 이등병이 자신에 대해 뭐라고 하든 귀를 닫아야 한다.

이 모든 것을 듣는 것은 하사관이고, 그를 상대하는 것도 하사관이 할 일이다. 하사관은 오직 자신의 상사에 대해서만 책임이 있으며, 좋은 상사라면 하사관이 하는 일에 일일이 간섭하지 않는다. 만일 이등병들 사이에서 싸움이 일어나면 하사관은 뛰어들어 순식간에 둘을 제압한다.

둘 중 하나가 아픈 척 하거나 술 취한 척 하면 하사관은 그에게 본때를 보여준다. 하사관은 규정에 얽매이기보다는 일이 제대로 돌아가도록 만든다. 하사관은 20세에서 60세 사이이며, 나이는 상관없이 모든 부하들의 아버지이다. 그의 소임은 이들을 용감하고 영광스럽고 의무를 다하는 충성스런 군인으로 만드는 것이다.

우리 주변에는
누가 '하사관'일까

하사관은 늘 아침에 제일 먼저 일어나고 제일 늦게 잠이 든다. 그는 자신의 부하들이 낮이건 밤이건 어디에 있는지 늘 알고 있다. 부하들이 아프면 그는 간호사이자 의사 노릇을 하고 외과 의사에게 그들을 치료하라고 지시한다.

그는 또한 변소용 구덩이를 파기도 한다. 그는 상관과는 달리 깔끔하게 차려 입을 필요가 없다. 또 그는 격식이 필요한 특별한 경우를 제외하고는 제복을 벗고 조련사 같은 옷을 입는다. 그는 모든 것을 알고 있는 동시에, 모르고 있는 것처럼 처신한다. 그는 상사의 자유분방한 행동을 알아도 결코 이를 발설하지 않는다.

이쯤 되면, 누군가는 그를 절대적인 독재자라 말할 사람도 있을 것이다. 하지만 때와 장소를 구분하기만 한다면, 좋은 하사관은 좋은 독재자이다. 그는 부하들의 정신을 파괴시켜서 그들을 군에 부적합한 사람들로 만드는 잘못은 범하지 않는다.

하사관은 그들의 정신을 유연하게 만들어 자신에게 맞춘다. 시간이 지날수록 부하들은 하사관을 사랑하기도 하고 두려워하기도 할 것이다. 실제 전투에서 그는 겁쟁이들을 영웅으로 변모시키고, 부하들의 기량을 최대한 키워줄 것이다.

전투에서는 종종 부하들이 자신의 상관을 저격하는 일이 발생하기도 한다. 전투 중의 혼란과 흥분상태에서 목격자가 없는 틈을 타 은밀하게 상관에게 복수하는 것이다. 하사관은 그러한 반란에 대비하여 늘 주의를 살핀다. 그리고 그의 총은 종종 그 악랄한 계획이 실행되기 전에 주동자의 머리를 향하기도 한다. 전시상황에서 처형에 대한 재판은 필요 없다.

사실, 하사관은 군에서 유일무이한 진짜 전사이다. 하지만 모든 자질을 갖춘 하사관은 새의 이빨만큼이나 드물어서, 모든 장교들은 늘 훌륭한 하사관이 될 자질을 갖춘 이를 애타게 찾아 헤맨다.

우 리 에 게 는

' 하 사 관 ' 같 은

인 재 가

꼭 필 요 하 다

　　사업에 있어서 하사관의 본능을 갖춘 사람은 군대에서보다 훨씬 더 빛이 나는 존재이다. 사업에서의 하사관은 두드러지는 존재는 아니다. 그는 칭찬도 꽃다발도 요구하지 않지만 일에 대해서는 모든 것을 알고 있다. 그는 업무 이외의 야망도 없고, 자리보전의 욕구도 없다. 만일 그가 지나치게 영리했다면 승진을 위해 음모를 꾸미거나 계획을 세웠을 테고, 그것 때문에 결국 파멸했을 것이다.

　　비겁하며 게으르고 겁 많은 일반 군인들은 제대로 교육을 받은 후에야 비로소 진정한 군인으로 거듭난다. 사업에서도 마찬가지다. 일반적으로 공장이나 가게 등에서 일하는 직원들은 근무 시간을 때우고 급여에만 신경 쓰거나 상사의 위치를 쫓고, 가능한 한 일은 적게 하려는 경향이 있다. 많은 경우, 바람직한 작업 환경과 직원을 독려하기 위해 고용주는 독재를 하기도 한다.

　　이럴 때 늘 신경을 곤두세우고 주위를 살필 줄 알며, 사람들이 일을 제대로 할 수 있게 감독할 수 있는 하사관 같은 존재가 필요하다. 그는 일을 하지 않으려는 사람은 더 지켜볼 것이며, 의지가 부족한 사람에게는 의지를 불어넣을 것이다. 그리하여 감독관과 늘 대적하려 하거나, 상사의 발자국 소리에 귀를 쫑긋거리는 짓은 수치스러운 행동일 뿐이라는 사실을 인식하는 바람직한 분위기를 만들어 갈 것이다.

이런 하사편이 많이 있다면 위험도 훨씬 줄어든다. 이런 하사편들은 음모와 반목을 막고 냉정하게 상황을 정리한다. 그는 다만 정당한 내기를 받고 자신의 자리를 오랫동안 굳건히 지킬 뿐이다.

28

우리는 어떻게 소크라테스의 명제를 받아들일까

시 대 정 신

The Spirit of the Age

나사렛 예수가 태어나기 4백 25년 전, 소크라테스는 이렇게
말했다.

"신神들은 저 높은 올림포스 산에 살고 있지만,
자네와 나는 바로 여기, 이곳에 살고 있다네."

소크라테스의 이 말과, 이와 비슷한 논평으로 미루어 볼 때 그는 틀림없이 회의론자였을 것이다. 지난 30년 동안 기독교 교회들은 '우리는 지금 이곳에 존재한다'는 소크라테스의 명제를 받아들였다. 다시 말해, 우리는 편협한 신학을 멀리해서 진보를 이루었고 인간성을 인식하기 시작했다. 우리는 올림포스나 엘리시움에 대해서는 아는 바가 없지만 아테네에 대해서는 뭔가 알고 있다.

아테네는 현실이다.
아테네에는 우리가 필요하다.

그리스인들은 아테네라는 현실적인 공간에 생생하게 살아 숨 쉬고 있다. 신들은 엘리시움에서 마음껏 뛰놀라고 하자. 다만, 우리는 아테네라는 현실의 삶에 전념할 것이다.

이것이 바로 오늘날 미국 교회의 주된 정신이다. 우리의 종교는 이제 더 이상 성경이나 신학에 집중하기보다는 인도주의적이다.

진화는 의학 분야에서도 일어났다. 25년 전의 의약품은 오늘날에는 쓸모가 없는 것이 되었다. 이제 뛰어난 의사들은 증상 치료에만 급급하지 않는다. 이들은 그저 환자의 두통 경감이나, 위장을 진정시키는 약물을 주지는 않는다. 두통이나 위장문제는 자연이 조심하라며 시의적절하게 우리에게 보내는 경고이기 때문이다. 그리고 의사 역시 그렇게 말하며, 현명한 진료의 대가로 적절한 치료비를 받을 것이다.

오늘날 비싼 수임료를 먼저 받는 변호사는 결코 법정에서 찾을 수 없다. 오늘날 소송은 손해배상청구 소송이 대부분이다. 의뢰인들은 대가 없이 뭔가를 얻기를 바라며 끊임없이 소송을 제기하며, 사기꾼 같은 변호사들은 성공 사례금을 받기로 하고 일한다. 대부분의 고등법원과 대법원은 자기편을 주요 증인으로 세워 돈을 뜯어내려는 사람들로 북적거린다. 이들은 손해배상금을 받을 자격이 있는 것도 아니며, 정의나 사실 따위와도 무관하다.

이러한 문제는 일반 의원들이 해결하기 힘들기 때문에 잃을 것이 없는 사람들이 나서야 한다. 정치나 싸구려 인기와는 무관한 변호사들이 과감한 조치를 단행해야만 해결될 수 있다. 용기와 능력을 갖춘 이들에게는 이것이 기회가 될 수 있다.

하지만 현명한 사업가는 법정을 멀리 한다. 이들은 의견의 차이를 중재하고 타협한다. 이들은 단지 복수를 위해 일을 쉴 만한 여유가 없다. 이들은 돈을 버는 최선의 방법은 법정으로 가는 것이 아니라 타협을 이끌어 내는 것이라는 사실을 잘 알고 있다.

우리는 구분을 짓는 것과 우월함을 포기하고, 오직 인도주의적인 면에서만 신성한 정신을 밝히는 데 전념하게 되었다.

이제 우리는 다른 세상에 대한 비중을 줄이고,
우리가 지금 살고 있는 현실에 더 많은 관심을 기울인다.

물론 우리는 이따금씩 이단 재판을 하고 있으며, 범죄자와 탐욕스러운 성직자의 사진이 종종 신문의 첫 페이지를 장식하고 있다. 하지만 이단 재판에서는 더 이상 교수대나 화형대를 찾아 볼 수 없으며, 재판은 악의 없고 극도로 정제된 형태로 이루어진다.

의학에서도
우리는 처방전에 덜 의존하는 대신, 우리 자신에 대한
신   뢰 를 더 많이 갖게 되었다.

인생의
서른 가지
질문에 대한
해답

교육학에서는

명령이나 수칙을 줄이고, 실천을 통해 배우는 자연스러운 방법을 더 많이 가르치고 있다.

교정학에서도

수감자들을 억압하거나 처벌하는 대신, 교육하고 교화시키는 방법을 찾고 있다.

다시 한 번 말하지만,
저 높은 올림포스에 살고 있는 신들은
그냥 거기서 살도록 내버려 두자.

아테네는 바로 이곳에 있으니 말이다!

우리는 어떻게 글을 잘 쓸 수 있을까

문 법 학 자

29

The Grammarian

글쓰기를 배우는
가장 좋은 방법은
직접 글을 쓰는 것이다.

허버트 스펜서(Herbert Spencer : 1820~1903, 영국의 철학자이자 작가-옮긴이 주)는 글 쓰는 법을 배우기 전까지 단 한 번도 문법을 공부하지 않았다. 그는 문법을 시작하기에 적당한 나이인, 예순 살이 되어서야 문법을 배웠다. 왜냐하면 그 정도 나이가 되어서야 우리는 죄를 저지를 능력을 대부분 잃기 때문이다.

수영 전문 강사로부터 수영장에서 정식으로 수영 이론을 배운다고 해서 수영을 뛰어나게 잘할 수 있는 것은 아니다. 수영을 매우 잘하는 사람들은 그저 아이였을 때부터 수영할 수 있는 곳이라면 어디든 뛰어들어 질릴 때까지 실컷 수영하다가, 셔츠를 뒤집어 입고 머리카락을 적신 채 집으로 돌아온 사람들이다.

야생마를 길들이기 위해 학교를 다니는 일은 아무런 의미가 없으며, 구애의 기술을 익히는 방법을 담은 논문 역시 쓸 데라곤 손톱만치도 없다. 이런 일은 그냥 자연이 이끄는 대로 따르면 된다.

문법은 우리 몸의 맹장처럼 교육학에서 아무짝에도 쓸모가 없는 학문이다. 또한 알파벳의 q만큼, 혹은 소문으로만 전해지는 꼬리 둘 달린 고양이의 하나 더 달린 꼬리만큼이나 쓸모가 없다. 세상에서 가장 멋진 고양이인 맹크스 고양이는 아예 꼬리가 없다.

"대부분의 대학생들이 구사하는 문학적 스타일은 끔찍하거나, 아니면 진부하거나 둘 중 하나이다."

허버트 스펜서는 노년에 이렇게 말하곤 했다.

"교육받은 영국인들은 모두 비슷비슷한 글을 쓴다."라고 테느(Hippolyte Taine : 1828~1893, 프랑스의 철학자, 심리학자, 역사학자-옮긴이 주)는 말했다. 말하자면 특정 방식의 고정된 수사법과 문법에 맞춰 쓰도록 교육받은 지식인들은 다들 서로 비슷비슷한 글만 만들어 낸다는 것이다. 이들의 글에는 문학적 스타일이라곤 눈곱만치도 찾아볼 수 없다.

자 신 만 의 문 학 적 스 타 일 을 만 들 어 라

스타일은 개성과 특징을 담고 있다. 한 사람의 문학적 스타일은 그 사람 그 자체를 보여준다. 하지만 문법은 개성을 지워 없애는 경향이 있다. 문법을 가르치는 사이비 학자를 빼고는 모두들 문법이라는 학문에 진저리를 칠 것이다. 그리고 수많은 똑똑한 사람들이

고루한 문법 때문에 글을 통해 자신의 생각을 표현하고자 하는 욕구에서 멀어졌다. 문법은 인간의 마음속에 영원히 씁쓰레한 뒷맛을 남길 것이다.

문법은 '말의 예절'이라 할 수 있다. 하지만 거리에서 만난 할머니께 예의를 갖춰 인사하는 법조차 일일이 책으로 배우라고 강요한다면, 책을 던져버리고 어디론가 도망치고만 싶어질 것이다.

문법 학자는 일련의 형식에 따라 언어를 배열하는 데만 전념하는 사람이다. 전달하고자 하는 내용의 본질은 문법 학자에게 이차적인 문제일 뿐이다. 자신의 생각보다는 몸짓 등의 적절한 행위, 즉 형식에만 집착하는 웅변가는 누구에게도 감동을 주지 못한다.

문법을 지키지 않는 것이 품위를 해치는 죄악이라면, 혹은 사람들의 마음을 오염시키는 행위와 같다면, 영어의 우물이 오염되는 것을 막아 줄 사람들, 즉 문법 학자를 고용하는 일은 현명한 일일 터이다.

하지만 정지된 언어는 죽은 언어이다.
오직 흐르는 물만이 순수할 수 있다.
샘물이 공급되지 않는 정체된 우물은 틀림없이
각종 질병의 온상이 되어 버릴 것이다.

그러니 모두 각자 고유한 방식으로 자기 스스로를 표현하자. 만일 어떤 이가 자신의 생각을 표현하는 능력이 형편없다면 누구도 그의 작품을 읽지 않을 테고, 이는 저자에게 커다란 벌이나 다름없다. 비록 형식이 완결 무결할지라도, 내용은 아무것도 없는 작가를 기다리는 것은 은폐의 담요를 든 망각의 여신뿐이다.

토끼 수프를 만들 때 첫 번째 필요조건은 바로 자신만의 토끼를 잡는 것이다. 배고픈 세상에 뭔가를 제공할 만한 문학적 자질을 갖춘 사람은, 형식 따위에는 얽매이지 않고 재료들을 이것저것 모두 잘게 다져 섞은 후 자신만의 요리를 만들어 낼 것이다.

30

우리는 어떻게 최고의 종교를 만날까

최 고 의 종 교

The Best Religion

친절함을 가르치는

종교는

참으로 좋은 종교이다.

하지만 친절함과

유익한 노력을 가르치는

종교야말로

완벽에 가까운 종교이다.

과거에 우리는

교리에 따라 신을 믿어야만

영원한 삶을 누릴 수 있는 곳을

얻으리라 생각했다.

왜냐하면

우리는

과거에

신은

성격이 고약하고 불평이 많으며, 어리석고, 화를 잘 내는 독재적인 존재라고 생각했기 때문이다.

우리를 찾는 방법은 무엇일까

진정 훌륭한 사람은
설사 우리가 그를 좋아하지 않아도
우리에게 저주를 퍼붓지는 않는다.

하지만 나쁜 사람이라면
자신을 좋아하지 않는 이들에게
저주를 쏟아낼 것이다.

신에 대한
우리의 생각이 바뀜에 따라
우리 자신도
더 나은 모습으로 변화했다.

혹은
우리가 스스로를 높이 평가하게 되었기 때문에
신에 대한
우리의 인식도
더 좋아졌는지도 모른다.

만일 다른 세상이 있다면
우리는 교리가 아닌
인격에 의해
그곳에서
우리의 위치를
찾을 것이다.

마치 이 세상에서
우리의 인격이
우리의 위치를
결정짓는 것처럼 말이다.
● ● ● ●

우리는

．

．

．

매일매일

．

．

．

인격을 만들어 가고 있다.

．

．

．

．

．

그리고 최선의 인격을 만들어 내는 방법은
바로 친절하고 유용한 사람이 되는 것이다.

그러니 올바르게 생각하고 행동하라.
그것이 우리를 우리 자신으로 만드는 것이다.

●

지금 이 순간, 바로 '여기'를 이야기하다

엘버트 허버드(1856~1915)는 미국의 작가이자 출판인이며 예술가인 동시에 사업가이자 철학자라는 다소 드문 이력이 있다. 젊은 시절 비누회사에 들어가 세일즈맨으로 엄청난 성공을 거둔 그는 여기에 만족하지 않고 작가가 되기 위해 회사를 떠난다. 이후 뉴욕 주 이스트 오로라에 로이크로프트Roycroft라는 공예 기술자들의 모임이자 출판사를 설립하여 〈필리스틴The Philistine〉과 〈프라The Fra〉라는 두 편의 잡지를 발행하였으며 다수의 에세이와 위인전 등을 저술했다.

엘버트 허버드의 대표작이자 가장 오래도록 읽히는 작품은 그의 잡지 〈필리스틴〉에 실린 『가르시아 장군에게 보내는 메시지A Message to Garcia』(1899)이다. 이 작품은 19세기에 미국이 쿠바를 둘러싸고 스페인과 전쟁을 벌이던 중 쿠바의 반군 지도자인 가르시아 장군의 협력을 얻기 위해, 밀림 속 요새 어딘가에 머물고 있던 가르시아 장군에게 편지를 전하는 임무를 맡은 로완 중위에 대한 일화와 메시지를 담은, 짧지만 강렬한 에세이다.

허버드는 로완 중위를 통해 진정한 영웅은 어떤 역경과 장애에도 불구하고 자신의 임무를 묵묵히 해 나가는 사람이라고 말한다. 그리고 허버드의 삶 전반에서, 그리고 그의 다른 저서에서도 이러한 메시지는 꾸준히 반복된다.

엘버트 허버드가 보내는 메시지

이 책『인생의 서른 가지 질문에 대한 해답*Love, Life & Work*』은 그의 대표작인『가르시아 장군에게 보내는 메시지』에 담긴 내용을 삶 전반으로 확장시킨 '지혜의 서書'라고도 할 수 있다.

이 책에서 엘버트 허버드가 일관되게 담고 있는 사상은 개인의 고유성, 노동에 대한 가치, 인간에 대한 믿음, 현재에 최선을 다하는 삶, 정신과 자연에 대한 믿음이다.

우선, 그는 개인의 고유성을 중시했다. 그는 진보가 개인의 고유성의 결과이며, 옳건 그르건 간에 인간은 생각할 때 한 걸음씩 나아간다고 믿었다. 또 그는 자신에게 주어진 '사고'라는 신성한 소임을 단체나 다른 개인에게 떠맡기는 것은, 인간이 가진 가장 고결한 자질을 스스로 포기하는 것과 다름이 없다고 말한다.

엘버트 허버드는 또한 서로에게 지나치게 의존하는 우정을 경계했다. 친구나 동료를 받들되 늘 어느 정도 거리를 유지해서 우정이 파벌이나 무리, 더 나아가서는 폭도로 변하는 것을 경계해야 한다고 충고한다.

다음으로 그가 강조한 것은 노동의 가치이다. 엘버트 허버드는 사실 책상 앞에 앉아 세상을 논하는 사상가가 아니었다. 그는 열여섯 살 어린 시절부터 직업 전선에 뛰어들어 세일즈맨으로 일하며 세상을 깨우쳤고, 불과 몇 년 만에 마케팅의 귀재라 불릴 정도로 높은 성과를 이루어 낸 인물이다. 또한 자신이 직접 사업체를 운영한 만큼, 일을 빼고서는 그의 인생과 사상을 설명하기는 힘들 것이다.

그는 특히 조직에 필요한 인물의 자질에 대해 다루었는데, 누군가 시키지 않아도 하는 사람, 자신이 몸담고 있는 조직을 헐뜯지 않고 스스로 모범을 보여 조직을 개선시키려고 노력하는 사람, 명예나 직위, 정치에 집착하지 않고 업무 전반을 파악하고 사람을 관리할 줄 아는 실무자들을 높이 평가했다. 일에 대한 그의 사상은 오늘날 범람하는 자기 계발서의 사상적 모태가 된 동시에, 100년이 지난 지금에도 여전히 통용되고, 수많은 사람들이 귀 기울여 들을 만한 이야기이다.

모든 사람들이 행복한 세상을 꿈꾸다

엘버트 허버드는 또한 인간에 대한 믿음과 따뜻한 인간애가 있었다. 그는 학식과 지위의 높고 낮음에 상관없이, 모든 인간이 기본적으로 어느 정도 이상의 자질이 있다고 생각했다. 그리고 교육과 환경을 통해 누구나 자신의 능력을 꽃피울 수 있다고 믿었다.

그는 사회주의적 이상이 있었다. '모든 사람들이 조금씩만 일해서 과로로 시달리는 사람이 없고, 낭비하는 사람이 없어져 모든 사람들이 충분히 부유하며, 과식하는 사람이 없어져 굶는 사람도 없는' 세상을 꿈꾸었다. 또한 그는 전과자들이나 장애가 있는 사람들 모두 자기 자신과 사회에 도움이 될 수 있도록 사회가 이들을 이끌어 주어야 한다고 믿었다. 그는 인류가 진화를 통해 더 나은 존재, 더 나은 사회로 나아갈 것이라고 믿었다.

허버드는 또한 과거나 미래가 아닌, 지금 이 순간, 바로 '여기'

를 이야기한다. 하루하루가 신성하고, 지금 하는 일이 자기 자신을 만들며, 우리는 매 순간 우리의 노년을 준비하고 있다는 것이다. 또한 우리는 천국이나 엘리시움, 올림포스가 아니라, 바로 이곳, 현실에 살고 있으니 지금 이 순간 바로 여기에 최선을 다해야 한다고 그는 주장한다.

"최선을 다해 오늘 할 일을 하는 것은 더 나은 내일을 위한 확실한 준비이다. 과거는 영원히 떠나버렸고, 미래는 아직 오지 않았다. 현재만이 오롯이 우리의 것이다. 매일매일 우리가 하는 일은 앞으로의 임무를 위한 준비이다"라고 그는 말하며 현재의 삶에 충실할 것을 독려한다.

에머슨과 헨리 소로의 철학과도 닿아

엘버트 허버드는 정신과 자연의 힘을 믿었다. 그는 단순한 삶, 자연과의 합일과 자연적 치유, 자연의 섭리를 강조하는 동시에 자연을 정신의 영역까지 확장시켰다. 이렇게 인간의 잠재의식의 거대한 힘을 믿은 그의 사상은 에머슨과 헨리 소로의 철학과도 닿아 있다.

반면, 그는 이런 사상의 맥락들과 대치되는 것에는 것들에 맹렬한 비판을 퍼붓는다. 개인의 이성을 마비시키고 최면과 갖은 수단을 통해 신도들을 교회의 울타리로 몰아넣으려는 부흥주의자들, 도덕성을 종교적 교리에 끼워 팔면서 정해진 교리를 따르지 않으면 아무리 도덕적이어도 결코 천국의 문에 들 수 없다고 말하는 종교인들, 유용한 일은 하나도 하지 않은 채 겉치레와 허영, 의심과 거짓으로 가득 찬 삶을 사는 인간 부류와, 이들을 치켜세우고 낭비와 소비만을 일삼는 상류사회, 그리고 자신이 속한 조직에 대해 끊임없이 불평하고 비판만 늘어놓아 조직을 좀먹는 사람들, 자연이 보내는 유익한 경고를 무시한 채 임시적인 처방에만 급급한 사람들, 오늘이 아닌 내세의 삶을 강요하며 사람들을 쇠사슬로 묶는 이들에 대해 허버드는 '이빨과 발톱을 세우고 혀와 펜'으로 반대한다.

엘버트 허버드는 아내 엘리스와 함께 1915년 5월, 제1차 세계대전 당시 전쟁에 대한 취재를 위해 유럽으로 가던 중, 그들이 타고 있던 루시타니아 호가 독일 잠수함의 공격을 받아 배와 함께 죽음을 맞았다. 그는 인류가 경쟁 대신 협력이라는 위대한 계획을 궁리해 냈다고 믿었고, 언젠가는 진화를 통해 이상적 사회주의를 이루어 내리라 믿었다. 그러나 아이러니컬하게도 그는 결국 제1차 세계대전이라는 인류의 집단적 광기의 희생자가 되었다.

이 책을 번역하는 내내, 정신을 수양하는 것 같은 기분을 느껐다. 저자의 이야기에 귀 기울이고 있노라면 100년이라는 시간의 간극이 무색하리만큼 그의 글에 실린 힘과 변치 않는 가치를 느낄 수 있었다. 그리고 고결한 삶을 살고자 매 순간 치열하게 노력한 엘버트 허버드의 정신세계가 고스란히 전해져 왔다. 또한 힘 있고, 때로는 냉소적이고 때로는 따뜻한 감성이 느껴지며, 오래도록 되씹어도 질리지 않을 멋진 명언들이 담긴 그의 사상을 읽는 것은 큰 즐거움이었다. 부디 독자들도 그런 즐거움을 느꼈으면 한다.

Love, Life & Work

지은이 | 엘버트 허버드(Elbert Hubbard)

초판 1쇄 인쇄 | 2015년 9월 10일
초판 1쇄 발행 | 2015년 9월 20일

펴낸이 | 조선우 • 펴낸곳 | 책읽는귀족

옮긴이 | 윤경미

등록 | 2012년 2월 17일 제396-2012-000041호

주소 | 경기도 고양시 일산동구 호수로 336 (백석동, 브라운스톤 103동 948호)

전화 | 031-908-6907 | 팩스 | 031-908-6908

E-mail | idea444@naver.com | www.robinwithbooks.com

표기 & 출력 | 금금디자인 | 조선우 | 유상수 | 편집 日能 | 기음 디자인 | 유상수이종희

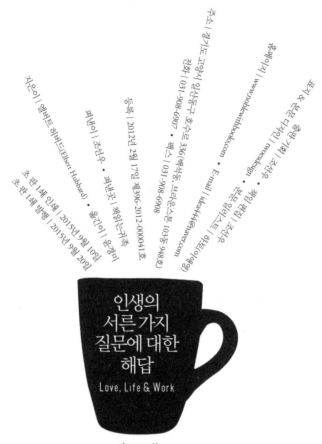

인생의 서른 가지 질문에 대한 해답

Love, Life & Work

값 12,000원
ISBN 978-89-97863-34-1 (03190)

이 도서의 국립중앙도서관 출판예정도서목록(CIP)은 서지정보유통지원시스템 홈페이지
(http://seoji.nl.go.kr)와 국가자료공동목록시스템(http://www.nl.go.kr/kolisnet)에서
이용하실 수 있습니다.(CIP제어번호: CIP2015023146)